LÍDER
QUÂNTICO

JOSÉ SEBASTIÃO

LÍDER QUÂNTICO

e seus 9 poderes internos

MATRIX

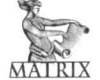

© 2017 – José Sebastião
Direitos em língua portuguesa para o Brasil:
Matrix Editora
www.matrixeditora.com.br

Diretor editorial
Paulo Tadeu

Capa
Sthefânia Mafalda

Projeto gráfico
Allan Martini Colombo

Revisão
Lilian Brazão
Adriana Wrege

CIP-BRASIL - CATALOGAÇÃO NA PUBLICAÇÃO
SINDICATO NACIONAL DOS EDITORES DE LIVROS, RJ

Sebastião, José
Líder quântico / José Sebastião. -- 1. ed. -- São Paulo : Urbana, 2017.
120 p. : il. ; 21 cm.

Inclui bibliografia
ISBN: 978-85-8230-310-8

1. Liderança - Aspectos psicológicos. 2. Administração de empresas. I. Título.

17-39827   CDD: 658.4
                                CDU: 658.011.4

**DEDICO ESTE LIVRO A
TODOS OS LÍDERES**

De todos os tempos
Homens e mulheres
Anônimos e famosos
Que caminham
pelo planeta Terra
Plantando sementes
de Amor, Alegria e Paz.

SUMÁRIO

PREFÁCIO 9
AGRADECIMENTOS 13
INTRODUÇÃO 15
FUNDAMENTOS CIENTÍFICOS 19
1º PODER INTERNO 39
2º PODER INTERNO 45
3º PODER INTERNO 50
4º PODER INTERNO 56
5º PODER INTERNO 61
6º PODER INTERNO 66
ESCUTA PROFUNDA 70
OLHAR COMPASSIVO 74
PALAVRA CERTA 78
7º PODER INTERNO 85
8º PODER INTERNO 91
9º PODER INTERNO 98
CONCLUSÃO 105
POSFÁCIO 109
REFERÊNCIAS BIBLIOGRÁFICAS 111

PREFÁCIO

Conheci Sebastião há alguns anos em Lisboa, quando fomos apresentados por uma amiga em comum. Era outono, com sua luminosidade sempre alvissareira, foi um encontro memorável! Ele, com sua generosidade e alegria, foi um cicerone pelas ruas, recantos e encantos da bela Lisboa. Contou-me suas histórias e rimos com a criança que se reveste de *clown* para despertar a energia criadora que habita em cada um de nós. Contemplamos em silêncio a beleza da natureza e as seculares construções humanas que ainda enchem os nossos olhos de admiração. Saboreamos iguarias portuguesas, degustamos palavras e, por muito tempo, ruminamos saudades.

A vida proporciona esses encontros que se eternizam e nos surpreendem. Pois aqui está o Sebastião no Brasil brasileiro. Trouxe sua bagagem de competências e sabedoria para servir em Pindorama. Descobriu e foi descoberto pelo Brasil!

E mais uma vez Sebastião se fez guia para nos conduzir pelos caminhos da física quântica e da espiritualidade, de onde deve despontar um novo jeito de liderar, que é, mais que tudo, um jeito de ser.

Percorre e nos faz percorrer um itinerário que parte dos cantos mais obscuros até chegar aos encantos da plena luz. Li e reli sua obra e, como em um passeio pelos bairros históricos de Lisboa ou das cidades brasileiras, é preciso passar por vielas sombrias para chegar às avenidas que nos libertam...

Como ele mesmo escreve:

"Durante gerações quisemos ser líderes do mundo, porque dominando e controlando o exterior nos sentíamos mais fortes e grandiosos, causando destruição e sofrimento a quem não concordasse com a nossa visão e com os nossos planos. É chegado o momento de liderarmos o nosso mundo interior, para descobrir o nosso real poder pessoal e como utilizá-lo em nosso cotidiano, servindo à humanidade."

Fazer essa jornada é essencial para viver a vida em plenitude, o que não significa que seja fácil; há trechos espinhosos e, talvez, até tenebrosos, mas enfrentá-los é libertador, eis por que se trata de uma jornada espiritual. Passar pelo labirinto da própria história, examinar as nossas crenças, que podem se tornar limitantes ao nosso processo evolutivo, e avançar, passo a passo, na direção da luz, ainda que tropecemos aqui e acolá, é o que possibilita a cada indivíduo alcançar sua plenitude. É um processo que exige clareza e firmeza de propósito. Que ser humano queremos ser? Que líderes queremos ser?

Não é diferente para o exercício da liderança; se considerarmos que liderar significa inspirar os outros para a realização de objetivos e que estes devem ser bons para todos, podemos afirmar com toda a certeza que estamos diante de um novo paradigma. Liderar, portanto, é um jeito de ser e de se relacionar com os outros, e ninguém estará pronto para essa missão se não conseguir, antes de tudo, liderar a si mesmo.

Fritjof Capra, sem dúvida uma das maiores referências quando se trata de conectar a espiritualidade à física quântica, em sua obra *As Conexões Ocultas*, nos lembra que:

"O significado é essencial para os seres humanos. Temos a contínua necessidade de captar o sentido dos nossos mundos exterior e interior, de encontrar o significado do ambiente em que estamos e das nossas relações com os outros seres humanos, e de agir de acordo com esse significado. Estamos falando aqui, em específico, da nossa necessidade de agir de acordo com uma determinada intenção ou objetivo".

Sebastião, partindo dos pressupostos da física quântica aplicados à vida, relaciona com leveza e praticidade os diversos níveis energéticos às emoções e comportamentos que podem contribuir para viver a vida com maior profundidade e significado, o que, por sua vez, possibilitará o exercício da liderança consciente e inspiradora.

Prefaciar este livro é uma honra e um presente. Ao longo da minha história como executivo, consultor em gestão, coach e escritor, tenho me dedicado a servir a essa causa, que defini em meu livro *Precisa-se (de) Ser Humano:* "É preciso humanizar o mundo, humanizar as empresas, humanizar as relações, e isto se faz começando por humanizar-se a si mesmo. E, necessariamente, começará quando tomarmos consciência da dignidade da pessoa humana e da Vida em sua totalidade que se manifesta em todos os seres".

E é uma grande alegria quando encontramos mais pessoas, como Sebastião, que ao longo da jornada irradiam essa energia e se propõem a contribuir para que o mundo seja melhor, e que seja para todos.

Como ele diz: "O que fazemos com a energia que somos é da nossa inteira responsabilidade". Que saibamos aproveitar o máximo dessa energia agora materializada nesta obra.

Robson Santarém
Consultor, coach, palestrante e escritor

AGRADECIMENTOS

Agradeço primeiramente a Deus, por me permitir estar aqui e agora, vivendo, respirando e entrando em contato com a sacralidade e a beleza de tudo o que existe, visível ou invisível aos meus olhos físicos. Sou grato aos meus pais, a toda a minha família e ancestralidade, este livro também é deles. Agradeço a todos os meus amigos verdadeiros, aos meus professores, mentores, colegas de trabalho, companheiras de jornada e a todos os que, de uma forma ou de outra, cruzam a minha vida diariamente. A Renise Peraro, minha sócia, pelo apoio incondicional, pela ajuda na revisão do texto e por ser a pessoa que me diz a verdade o tempo todo, não permitindo que me engane a mim mesmo. Gratidão também a Robson Santarém e a Edna Honorato, pelos exemplos de liderança servidora e pelos maravilhosos textos do prefácio e do posfácio, escritos com muito carinho. Uma palavra especial de agradecimento a todos os meus inimigos, que vejo como mestres, sejam pessoas ou situações, pois é graças a eles que tenho conseguido amadurecer e ultrapassar as barreiras internas que, sem sua presença, teria muita dificuldade em identificar e transformar. Sou grato por todas as oportunidades que a Vida tem me concedido, relembrando quem realmente sou e assumindo totalmente a minha liderança quântica!

Aquele que conhece o outro é sábio.
Aquele que conhece a si mesmo é iluminado.
Aquele que vence o outro é forte.
Aquele que vence a si mesmo é poderoso.
Aquele que conhece a alegria é rico.
Aquele que conserva o seu caminho tem vontade.
Seja humilde, e permanecerás íntegro.
Curva-te, e permanecerás ereto.
Esvazia-te, e permanecerás repleto.
Gasta-te, e permanecerás novo.
O sábio não se exibe, e por isso brilha.
Ele não se faz notar, e por isso é notado.
Ele não se elogia, e por isso tem mérito.
E, porque não está competindo,
ninguém no mundo pode competir com ele.

Lao-Tsé (Tao Te Ching)

INTRODUÇÃO

Originalmente, a palavra "poder" significava "capaz de ser".
Com o tempo, contraiu-se e passou a significar "capaz de".
Hoje sofremos essa diferença. **Mark Nepo**

O que significa, na realidade, ser líder? Quais atributos, competências e comportamentos nos permitem afirmar que estamos na presença de um verdadeiro líder? Que ferramentas ele utiliza para influenciar o mundo que o rodeia? Um líder deve ser temido ou amado? Conseguiremos influenciar o mundo se não desenvolvermos a nossa autoliderança? De que forma influencio o mundo que me rodeia? Qual o legado que quero deixar para as próximas gerações? Que vibração eu emito para o Universo? Toda reflexão profunda começa com uma questão capaz de promover mudanças de consciência e de atitude, que espero, honestamente, proporcionar aos leitores deste livro.

∞

Ao longo da nossa caminhada de autorrealização, o mais desafiante é sermos líderes de nós mesmos. Abdicar de todas as idolatrias, especialismos e vaidades e ter absoluto controle e domínio sobre o que acontece dentro de nós – pensamentos, crenças, sentimentos e emoções. E não será esse mundo interior que temos realmente de reaprender a liderar? E como fazê-lo? Durante gerações quisemos ser líderes do mundo, porque dominando e controlando o exterior nos sentíamos mais fortes e grandiosos, causando destruição e sofrimento a quem não concordasse com a nossa visão e com os nossos planos. É chegado o momento de liderarmos o nosso mundo interior, para descobrir o nosso real poder pessoal e como utilizá-lo em nosso cotidiano, servindo à humanidade. Acredito que esse real poder advém do autoconhecimento, pois cada um de nós é o líder da sua vida, não há ninguém que detenha mais poder para fazê-lo que nós mesmos. A proposta evolutiva desse momento cósmico é a de seguirmos nosso coração, a nossa alma, pois este é o período da história em que estão terminando todas as idolatrias e codependências emocionais e espirituais em relação ao mundo exterior; até de Deus, como algo externo a nós. Nessa nova era que se inicia, Deus é tudo o que existe em forma de energia, então, de alguma forma, nós também somos Ele, pois somos energia. O que fazemos com a energia que somos é da nossa inteira responsabilidade. Quem lidera e comanda a nossa jornada somos nós mesmos, pois somos seres dotados de livre-arbítrio. A necessidade de seguirmos algum líder, guru, mestre, político, professor ou livro sagrado está terminando. É tempo de assumirmos quem realmente somos, guiados pelo líder interno que habita o nosso coração. A partir de agora, seguimos a nossa verdade, pela experiência do que sentimos, sem comparação com ninguém. A pergunta "quem sou eu?" é a premissa para o novo paradigma da liderança mundial. Os estados de Buda, de Cristo e de todos os outros exemplos marcantes de liderança do passado existem em todos nós, são níveis vibratórios de consciência que qualquer um consegue alcançar, como iremos ver em seguida. É o tempo de conhecer a si mesmo – a própria originalidade e individualidade. Ser líder é avançar pela alma, vivendo o novo aqui e agora que se apresenta, e não repetindo fórmulas velhas e ultrapassadas que não ressoam mais no presente. É pelo autoconhecimento que descobrimos o nosso ser verdadeiro, seguindo o nosso líder interno e não a opinião ou a visão dos outros.

∞

As questões centrais são: como é o meu relacionamento com os outros seres? Existem outros seres ou somos todos um só ser? Quais os poderes internos que detenho para lidar com o mundo exterior? Existirá mesmo um mundo exterior? O que me torna um líder quântico? Utilizo o meu poder pessoal para dominar, controlar e destruir ou para construir em conjunto, cooperando para o bem comum?

∞

Se observarmos minuciosamente, veremos que existem dois tipos de poder: aquele exercido sobre o que nos rodeia, sejam objetos, pessoas ou situações, havendo necessidade de exercermos controle e supremacia sobre o exterior – o poder externo. E o tipo que podemos chamar de poder interno, que é uma conexão interna ao poder da vida, está presente em cada ser humano em igual proporção, e, de alguma forma, sabemos que não é o nosso poder individual, mas algo muito mais amplo, multidimensional, global e ilimitado. É desse poder interno, a centelha divina e transcendente presente em cada ser humano, que este livro trata. São apresentadas as várias facetas do poder interno presente nos líderes quânticos, utilizado na construção de um mundo mais amoroso, pacífico e equilibrado. Todos somos líderes, pois toda criança nasce líder, apenas esquece ou reprime essa habilidade inata por influência do meio e pela forma como é domesticada, no processo de educação e enquadramento na sociedade. Para termos novos líderes, capazes de criar novas vidas, temos de curar as crianças interiores feridas que habitam em nós, permitindo que elas recuperem o poder interno, que pulsa, desde o primeiro instante de vida, em seu interior. Essa consciência permite que nasçam líderes quânticos capazes de tomar decisões e agir no mundo com base em princípios espirituais, como o perdão, a gratidão, o amor e a alegria, potencializando a criação de uma nova liderança mundial.

Surge, então, um mundo mais amoroso, composto de homens, mulheres e organizações despertos para o verdadeiro significado do Ser.

Utilizando algumas das noções principais da física quântica, mostraremos como o conhecimento do funcionamento da energia universal pode ajudar na criação e sustentação de uma nova liderança mundial.

Nota: O símbolo do infinito (∞) utilizado no texto é um indicador de pausa na leitura, para que o conteúdo lido possa ser assimilado e integrado internamente pelo leitor.

FUNDAMENTOS CIENTÍFICOS

A unicidade do "eu" se esconde exatamente no que o ser humano tem de inimaginável. Só podemos imaginar o que é idêntico em todos os seres, o que lhes é comum. **Milan Kundera**

MAPA DA CONSCIÊNCIA

	NÍVEL	ESCALA (LOG)	EMOÇÃO	PROCESSO	VISÃO DE VIDA
PODER	Esclarecimento	700 - 1.000	Inefável	Consciência pura	É
	Paz	600	Felicidade	Iluminação	Perfeição
	Alegria	540	Serenidade	Transfiguração	Completa
	Amor	500	Reverência	Revelação	Benigna
	Razão	400	Compreensão	Abstração	Significativa
	Aceitação	350	Perdão	Transcendência	Harmoniosa
	Vontade	310	Otimismo	Intenção	Esperançosa
	Neutralidade	250	Confiança	Liberação	Satisfatória
	Coragem	200	Afirmação	Empoderamento	Viável
FORÇA	Orgulho	175	Dignidade	Inflação	Exigente
	Raiva	150	Ódio	Agressão	Antagônica
	Desejo	125	Anseio	Escravização	Decepcionante
	Medo	100	Ansiedade	Retirada	Assustadora
	Dor	75	Lamento	Desânimo	Trágica
	Apatia	50	Despeito	Abdicação	Sem esperança
	Culpa	30	Culpado	Destruição	Condenação
	Vergonha	20	Humilhação	Eliminação	Miserável

Recentemente, o psiquiatra americano David R. Hawkins, em seu livro *Poder contra Força: Uma Anatomia da Consciência – Os Determinantes Ocultos do Comportamento Humano*, apresentou a tabela da página anterior, conhecida como "Mapa da Consciência". Uma vez que tudo no Universo é energia, visível e invisível, e se comporta de diversas formas, consoante o comprimento de onda da frequência em que vibra, então também os pensamentos e as emoções têm uma determinada frequência vibratória e consequente expressão no mundo físico, criando um campo morfogenético ou campo de atração que pode ser medido. Nesse caso, o doutor Hawkins utilizou os conhecimentos de outros cientistas na área da cinesiologia (ciência que tem como objetivo a análise dos movimentos humanos, observando como os estímulos internos e externos influenciam a reação e os comportamentos do corpo humano) para criar o referido mapa. No mapa, consta a medição logarítmica[1] das emoções humanas, desde as de mais baixa frequência vibratória até as de mais alta frequência vibratória que o ser humano é capaz de sentir. E o que observamos? A emoção de mais baixa frequência vibratória é a vergonha, nível 20. A emoção de mais alta frequência vibratória é o estado de iluminação espiritual atingido por Buda e Jesus Cristo, encontrado no nível 1.000. No meio do mapa surgem todas as outras emoções que conhecemos, como medo, raiva, coragem e amor. Aqui, observamos uma divisão clara entre as emoções negativas presentes em um campo

---

[1] A escala logarítmica está calibrada entre 0 e 1.000, que correspondem aos principais estados de consciência atingidos pelo ser humano; ao 1.000 corresponde o estado de iluminação espiritual, no qual são referidos alguns exemplos humanos, como é o caso de Buda, Jesus Cristo, entre outros.

morfogenético de força e as emoções positivas presentes em um campo morfogenético de poder, e as respectivas influências no campo eletromagnético individual, bem como na visão de vida e no processo mental de quem as experencia. Resumindo, existem dois blocos principais de emoções:
1 - Medo e suas derivações – padrões de pensamento destrutivos (do nível 0 ao 200).
2 - Amor e suas derivações – padrões de pensamento construtivos (do nível 200 ao 1.000).

Quando penso e sinto medo tudo se contrai,
quando penso e sinto amor tudo se expande.
Quando penso e sinto medo tudo se destrói e adoece,
quando penso e sinto amor tudo se constrói e cura.
Quando penso e sinto medo tudo se confunde e separa,
quando penso e sinto amor tudo se clarifica e une.

∞

A seguir, na imagem da esquerda, verifica-se a influência de pensamentos e emoções negativos em nosso campo eletromagnético, quando julgamos, criticamos, condenamos e sentimos medo e suas derivações. Na imagem da direita, observa-se a influência dos pensamentos e emoções positivos, quando elogiamos, amamos sem esperar nada em troca, perdoamos, agradecemos, sentimos alegria de viver e honramos a existência. Nota-se também que o nosso campo energético individual interage, continuamente, com os campos energéticos de outras pessoas e que, também por isso, não só nos influenciamos a nós próprios pela nossa forma de pensar e de gerir as nossas emoções, como também temos impacto sobre o coletivo.

 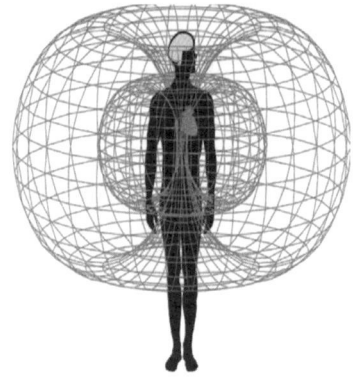

Entre o nível 0 e 200 vibram todas as emoções negativas, em que acontece uma contração do campo energético do indivíduo ou grupo – campo de ondas alfa que vibram de forma mais tensa e desarmoniosa. Nessa faixa vibratória tudo é criado pelo ser humano com o uso da força, quando queremos que as coisas aconteçam apenas do nosso jeito, de acordo com nossas necessidades, manipulando outras pessoas e o fluxo natural dos acontecimentos. Algumas das manifestações físicas são o estresse e a ansiedade, doenças emocionais do século XXI, que são a expressão de como estamos pensando e sentindo. Quando agimos dessa forma, o sinal que emitimos através do nosso campo energético é muito fraco e instável. Entre o nível 75 e o 200, a energia corporal é enfraquecida e gera padrões destrutivos nas células, danificando o organismo. Abaixo do nível 75, a tendência da energia é criar câncer e causar a autodestruição do corpo físico. Nessa faixa vibram as emoções e pensamentos próprios do ego. Quando vivemos pelo ego, sentimos a vida como uma luta, um jogo de forças, uma experiência de esforço e tensão. Por exemplo, Adolf Hitler, por muitos considerado um líder mundial, vibrava na faixa entre o nível 50 e o 75[2], de raiva, ódio, desgosto e tristeza, uma possível causa para os crimes e atrocidades que cometeu. Hitler queria criar um mundo só dele, feito à sua imagem e semelhança, utilizando a força física e militar para manipular e comandar todos a seu redor. Uma das ideias do ditador alemão era criar um mundo composto por homens perfeitos, eliminando todos aqueles que não correspondiam ao modelo por ele idealizado. Com base nesse tipo de pensamento e emoção, ele foi responsável pela morte de cerca de seis milhões de seres humanos.

∞

A coragem, que se encontra no nível 200, é a emoção de transição dos estados de vibração negativo e positivo. A humanidade encontra-se, atualmente, entre o nível 200 e o 210 de consciência, segundo o estudo do doutor Hawkins. Acima do nível 200 estão todas as emoções positivas que conhecemos, ocorrendo abertura e expansão do campo energético – campo de ondas ômega mais fluídicas, harmoniosas e expansivas. Nessa faixa vibracional, a nossa realidade é experienciada não pela força, mas pelo poder natural do Universo, quando vivemos no fluxo da vida, sem precisar forçar algum acontecimento ou resultado. Entre o 200 e o 540, o ser humano passa por um processo de transformação, ligado à mudança de frequência do ego para a alma – a alquimia da ascensão. As energias densas, simbolizadas pelos metais pesados, são transformadas em energias sutis, simbolizadas pelo ouro. Entre o nível 500 e o 600 há uma zona de transição em que o passado é resolvido, surgindo uma sensação de ausência de tempo — o ser humano

---

2 De acordo com o estudo do doutor Hawkins e dos estudos de cinesiologistas, foram medidas as várias emoções de acordo com as respostas corporais evidenciadas pela exposição a estímulos, imagens, sons e sensações.

mergulha no aqui e no agora eterno. Entre o 540 e o 700, o cérebro humano inicia um processo de empoderamento e se torna capaz de reativar todas as competências e talentos imersos no inconsciente. A partir dessa fase, o ser humano tem a capacidade de realizar e materializar tudo o que deseja em um pequeno espaço de tempo cronológico, pois os pensamentos estão em conexão direta com o poder de criação do Universo e se movem pelo espaço à velocidade da luz. Acima do nível 700 até o 900, o ser humano passa pelo processo de iluminação, que o transforma em pura consciência, já sem estar identificado e preso aos padrões individuais do ego. Ele deixa de ser uma pessoa separada do Todo para ser o Todo Individualizado, entrando em contato profundo com o seu verdadeiro Ser. Acima do 900, o ser humano entra na frequência da oitava dimensão, em que a sua energia é tão sutil que transforma tudo que o rodeia, elevando e transmutando toda a negatividade, como no caso de Jesus Cristo e Buda. Conta-se que por onde Buda passava as flores de lótus se abriam em resplendor pela sua presença. Freud vibrava no nível 499, ligeiramente abaixo da faixa do amor, que vibra a 500; logo depois, na 760, vibrava o guru indiano Mahatma Gandhi; e, na 930, o pregador judeu João Batista.

∞

Remetendo toda essa informação para a prática da liderança, observamos que é possível fazê-lo de dois modos: liderando pela força, por meio de pensamentos, emoções e comportamentos como vergonha, culpa, medo, raiva, narcisismo, luxúria, cobrança, pressão e orgulho, tendo como exemplos o caso já referido de Hitler, bem como de Benito Mussolini, Josef Stalin ou Mao Tsé-Tung. E liderando pelo poder natural, através de pensamentos, emoções e comportamentos como boa vontade, aceitação, amor, alegria, paz, perdão e compaixão, como são os casos de Jesus Cristo, Buda, Gandhi, Madre Teresa de Calcutá e Nelson Mandela. Dá para termos uma ideia, ainda que básica, dos resultados que podemos obter na prática da nossa liderança quântica ao vibrarmos nos diferentes níveis, uma vez que semelhante atrai semelhante, pela lei universal da atração. O que recebo vem no mesmo sinal do que emito. Como líder, o que estou emitindo que se reflete no que estou recebendo? Sinto-me realizado como líder? Que feedbacks recebo dos meus colaboradores? Já parei para observar como é a minha liderança? Que pensamentos e emoções coloco na forma como lidero?

∞

A questão que podemos colocar agora é: como fazemos para vibrar em um comprimento de onda energético mais sutil, de frequência mais elevada? Respondo com outra pergunta: como conseguimos fazer subir mais alto um balão de ar quente? Resposta: tornando sutil a energia por meio do fogo e retirando os pesados sacos de areia colocados nas laterais da cesta do balão. No caso do ser humano, o fogo representa a energia da alma, a sua essência intrínseca, e os sacos de areia são todo o peso energético causado por pensamentos, crenças e emoções negativos, de baixa frequência vibracional. Soltando toda a densidade do seu campo energético, a frequência se eleva a comprimentos de onda mais sutis. Por exemplo, a meditação e a respiração consciente ajudam o ser humano a se libertar do apego emocional e da necessidade psicológica de segurança, que a mente humana cria em relação a coisas, pessoas e situações que não pode controlar. Existem três medos básicos que se prendem ao nível de consciência do ego ou personalidade, ligados às necessidades individuais primárias, normalmente presentes na nossa fase de desenvolvimento psicoemocional, entre 0 e 14 anos. São eles: o medo de não ter, no nível do instinto de sobrevivência; o medo de não ser amado pelos outros, no nível dos relacionamentos; e o medo de não ser bom o suficiente, no nível da autoestima. Esses três medos básicos estão relacionados com os três primeiros níveis energéticos do ser humano, também conhecidos como chacras (a palavra "chacra" vem do sânscrito e significa "roda de luz". São centros de energia invisíveis, representam os diferentes aspectos da natureza sutil do ser humano e têm as cores do arco-íris): o chacra básico, na cor vermelha, equivale ao primeiro nível de consciência humana – o instinto de sobrevivência. O chacra umbilical, na cor laranja, corresponde ao segundo nível de consciência humana – inclusão e pertencimento tribal. E o chacra do plexo solar, na cor amarela, que é o terceiro nível de consciência humana – poder, valor pessoal e autoestima. Depois de liberados esses três medos básicos do ego, o ser humano, naturalmente, torna sutil a sua energia e entra em um campo de vibração menos denso, o nível da alma, do fogo espiritual, vibrando em comprimentos de onda mais harmoniosos e fluídicos, alterando completamente seus padrões vibratórios. Altera também os padrões vibratórios do meio no qual se encontra. Quando supera os três medos básicos, começa a viver na frequência da alma, correspondente aos quatro chacras superiores agora ativados: cardíaco, cor verde, ligado ao amor incondicional. Laríngeo, cor azul-turquesa, ligado à expressão da verdade. Frontal ou terceiro olho, cor azul-índigo, ligado à intuição e à unicidade. E o coronário, cor roxa, ligado à inspiração e à conexão com o divino. A energia sutil da alma faz os padrões vibratórios coletivos se elevarem também, bastando apenas a presença dessa energia em uma só pessoa, como é o caso de Jesus Cristo e de Buda, considerados avatares, que influenciaram energeticamente toda a humanidade, e continuam influenciando até os dias de hoje. A presença deles se faz mesmo na ausência física. É como se continuassem entre nós todos esses séculos, mesmo não existindo na matéria. A vibração tão sutil elevou o padrão vibratório coletivo da humanidade.

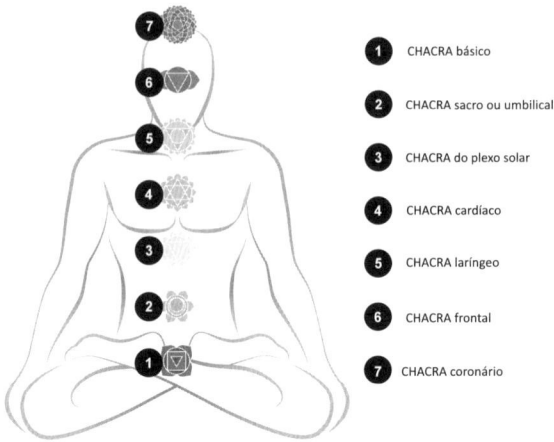

Os sete chacras principais representam as áreas energéticas responsáveis por diferentes graus de consciência que o ser humano tem em si mesmo.

Segundo a física quântica, estamos todos conectados, não existe nenhuma forma de separação, tudo é energia vibrando no Universo. De acordo com a nossa frequência vibratória emocional, emanamos determinado sinal para o mundo, que responde no mesmo comprimento de onda e em uma oitava oposta correspondente, pois no mundo físico dual atraímos também o contexto oposto àquele em que estamos vibrando, para que saibamos qual é o nosso estado vibratório interno. Só sei o que é o frio se existir o quente, o baixo se existir o alto e o dia se existir a noite. No caso das emoções acontece exatamente a mesma coisa: só sei o que é o amor se existir a apatia, e a paz se existir a culpa – comprimentos de onda opostos e complementares. A ciência também provou, por meio da observação microscópica de alta precisão, que somos todos a mesma matriz energética de átomos, elétrons, prótons e nêutrons vibrando, para além de uma infinidade de outras partículas. Afirma que, se conseguíssemos condensar toda a matéria física existente no Universo, ela caberia na caixa de um pequeno anel de noivado. O Universo, ao contrário do que os nossos olhos enxergam, é composto por uma porcentagem ínfima de matéria, e o restante é energia, aparentemente vazia, que liga e conecta todas as coisas. Ao longo da história as religiões a chamaram de Tao, Deus, Brahma, Alá, entre outros nomes. Durante muito tempo se pensava que a menor partícula de uma molécula, o átomo, era feito de matéria. Depois, os cientistas descobriram que, na verdade, a maior parte do átomo é o vácuo, então se passou a acreditar que o núcleo do átomo, que é infinitamente pequeno, fosse matéria. Essa ideia mudou novamente quando, por meio do uso de um microscópio eletrônico de alta resolução, foi verificado que o núcleo de um átomo é apenas energia condensada e não matéria física. Ou seja, microscopicamente, nada é matéria, tudo é vácuo vibratório, tudo é feito de energia condensada que vibra em uma determinada frequência, em um comprimento de onda medível. Vivemos, então, em um Universo vibrante ondulatório, e os nossos corpos são feitos a partir da vibração da energia que emanamos, como um ponto de pulsação contínua. A ilusão da separação, criada pela mente humana, tem como base a ilusão de que somos apenas o corpo físico material, que, afinal, não é matéria, apenas energia, e, por essa razão, encontramo--nos separados uns dos outros e de todas as manifestações da criação. A verdade, já provada pela ciência, é que somos todos a mesma coisa. Somos a vida em si mesma e, por isso, quando olhamos para fora de nós, estamos olhando para nós mesmos, porque o Universo somos nós sem nenhuma diferenciação no nível da essência.

∞

Agora surge a pergunta: "De que forma tudo isso está relacionado com o novo paradigma da liderança mundial?". Como líderes quânticos, assumimos total responsabilidade pelo nosso campo vibracional individual e coletivo, ou seja, pelo comprimento de onda no qual vibramos, determinado por tudo o que vivenciamos internamente – como percebemos a realidade, como pensamos, de que forma escutamos, sentimos e experimentamos dentro dos mais variados campos morfogenéticos existentes. O líder quântico sabe que o seu campo vibracional individual tem um impacto sobre todos os que o rodeiam, sobre o ambiente da empresa que dirige, sobre o seu sistema familiar, sobre a qualidade de vida que vivencia em sua passagem pelo planeta e, no limite, sobre todo o Universo. Por isso, a energia com a qual sintoniza internamente cria um campo energético a seu redor, atraindo e afastando o que ressoa nesse comprimento de onda. Um exemplo: se o líder está vibrando em uma emoção abaixo do nível 200, ou seja, em uma emoção destrutiva, como o orgulho, ele tem consciência de que vai fechar o campo energético dos espaços por onde circula, e isso afeta todos que interagem com ele, bem como os resultados externos que essa vibração produz. Fica também passível de atrair situações negativas para a sua realidade. Também sabe que, se está vibrando em uma emoção entre o nível 500 e o 600, intervalo de vibração em que se encontram o amor, a alegria e a paz, todo o campo energético por onde circula se expande, afetando positivamente o ambiente, as pessoas e as experiências que vivencia. Compartilho um pequeno excerto do livro do psiquiatra David H. Hawkins, citado anteriormente:

Embora apenas 15% de toda a população do mundo esteja acima do nível crítico 200 de consciência, a força coletiva desses 15% tem o peso para contrabalancear a negatividade dos 85% restantes da população mundial. Devido ao fato da escala de força avançar logaritmicamente, um simples Avatar em um nível de consciência de 1.000 pode, na verdade, contrabalancear totalmente a negatividade coletiva de toda a humanidade. Um indivíduo que vive e vibra na energia do otimismo e da disposição de não julgar os outros (nível 300) irá contrabalancear a negatividade de 90 mil pessoas que estão calibradas nos níveis mais baixos de força. Um indivíduo que vive e vibra na energia do puro amor e da reverência por toda a vida (nível 500) irá contrabalancear a negatividade de 750 mil pessoas que estão calibradas nos níveis mais baixos de força. Um indivíduo que vive e vibra na energia da iluminação, graça e paz infinita (nível 600) irá contrabalancear a negatividade de 10 milhões de pessoas que estão calibradas nos níveis mais baixos de força. Um indivíduo que vive e vibra na energia da graça, do espírito puro além do corpo, num mundo de não dualidade e unidade completa (nível 700), irá contrabalancear a negatividade de 70 milhões de pessoas que estão calibradas em níveis mais baixos de força. O que podemos fazer para ajudar a humanidade? Conforme elevamos o nosso nível de consciência, contribuímos cada vez mais para a qualidade espiritual da mente global. Portanto, o nosso maior serviço à humanidade é, paradoxalmente, o desenvolvimento da nossa própria consciência. Abaixo do nível 200 estão os campos de atração da vergonha, culpa, apatia, aflição, medo, desejo, raiva e orgulho. Bem no nível 200 crítico vem a coragem e a sua habilidade para fortalecer o ego, para retirá-lo da condição de vítima inerente às mais baixas frequências. A um nível de 300, uma pessoa elevou-se acima de muitas emoções de conflito para alcançar um certo estado de não--julgamento e sentir otimismo. A um nível de 400, o indivíduo alcança uma atitude um pouco mais harmoniosa que traz aceitação e perdão. Além disso, ele ganha um raciocínio mais aperfeiçoado que traz compreensão e significado para a vida. Este não é um nível difícil de alcançar. Por exemplo, a perseguição do objetivo. Para alcançar o nível de 500, uma pessoa precisa estar espiritualmente consciente. A este nível, o amor incondicional e o perdão incondicional ficam mais vivos e bem mais encaixados na nossa realidade. Quando uma pessoa praticou meditação longa e diligentemente o suficiente atinge consciência de felicidade ao nível 600. O nível médio de energia na Terra é de cerca de 207, e isso é porque ao longo de nossas vidas nós acumulamos bloqueios de energia escondidos e condicionamento negativo que nos impede de alcançar vibrações mais elevadas. O nível que devemos almejar, no entanto, é 500 e acima. 500 é a vibração do amor. Ao vibrar neste nível sua vida se torna drasticamente diferente. Quando estamos neste estado de vibração, de repente, amor, alegria, abundância estão ao seu alcance.

∞

Segundo essa visão quântica, dizer, por exemplo, que lideramos o outro é absolutamente falso, um equívoco da mente humana, que separou o líder do liderado, transformando o "um" em "dois", a unidade em dualidade. Cada um lidera a si mesmo e isso ressoa para o Todo, de acordo com a frequência em que mais sintoniza. As pessoas podem sentir-se atraídas por nós, pelas nossas palavras, ideias e presença, não porque as forçamos a isso, mas porque elas se sentem identificadas de alguma forma com a nossa energia. Eis um pequeno excerto de Paramahansa Yogananda, líder religioso indiano:

Para mim não há diferença entre uma pessoa e outra,
Eu contemplo todos como alma-reflexos de Deus.
Não consigo pensar em ninguém como um estranho,
Eu sei que todos nós somos parte de um Espírito.
Quando você experimentar o verdadeiro significado
da religião, que é Deus,
você vai perceber que ele é seu Self,
e que ele existe igual e imparcialmente em todos os seres.
Então você será capaz de amar os outros como o seu próprio Eu.

Quando vemos o outro como a nós mesmos, a fronteira que nos divide dilui-se, as ideias e conceitos de "eu" e de "outro" desaparecem. Deixam de existir barreiras e limites entre os seres no nível da consciência, porque não existem na realidade, são meras construções mentais. Ao observarmos todo o Universo ao microscópio, compreendemos que tudo é igual, funciona da mesma forma, é composto pelas mesmas partículas, e é impossível separar, arrancar ou destruir, as únicas diferenças são a velocidade e a frequência de vibração. Os níveis energéticos são níveis de consciência, ou seja, ao mudar meu nível energético, mudo meu nível de consciência e vice-versa. Você consegue imaginar famílias, empresas e países cujos constituintes vivem de acordo com essa consciência quântica? Aliás, essa nova visão também pode ser aplicada ao mundo da concorrência empresarial, que deixa de existir da forma como conhecemos, pois as empresas deixam de competir entre si para cooperar para o bem comum de todos. "Se você ganha, eu ganho; se você perde, eu perco." Se elas virem as suas concorrentes como iguais a si mesmas, a forma como se relacionam muda profundamente, saindo de um registro de competição para um registro de cooperação, apoio e suporte, no qual todas as empresas compartilham os resultados e os benefícios do investimento no setor de negócios em que operam. Existe alguma árvore na floresta que compete e se entusiasma ao ver uma das suas irmãs morrerem? Todas crescem em direção à luz e todas têm raízes em comum, compartilhando os mesmos nutrientes, a mesma água e a mesma terra. Poderá ser igual com os seres humanos? No mundo empresarial atual existe certo prazer pela derrota do outro, como se isso fortalecesse a identidade, o ego das empresas vencedoras, reforçando a ideia de que a conquista de umas sobre a derrota de outras é natural e desejável. Ora, esse velho modelo de percepção está à beira do colapso, pois não sustenta a vida em harmonia e em equilíbrio de todos os sistemas naturais, do qual os humanos fazem parte. A nossa espécie está vivendo um dos momentos mais críticos de todos os tempos no que diz respeito à sustentabilidade e consequente permanência no planeta. Em vez de funcionar como as outras espécies que cooperam e se inter-relacionam, passa grande parte do tempo competindo, vendo quem é o melhor da espécie e quem está mais apto a sobreviver. A espécie humana ainda está presa ao instinto de sobrevivência e à segurança. Se olharmos para a natureza em profunda contemplação, o que observamos?

O que sentimos quando entramos em profundo contato com ela? Se fazemos parte dessa natureza, o que nos impede de vivermos como todas as outras espécies? A ilusão, causada pela visão materialista, de que estamos separados, que estamos à parte da vida e de toda a natureza e que, por isso, precisamos fazer algo para sobreviver. Qual a razão de ainda mantermos essas ideias tão presentes? Será que ainda precisamos delas? São realmente necessárias à nossa sobrevivência? Não. Sem dúvida, todos esses padrões inconscientes da mente humana primitiva devem ser observados e investigados, para não destruirmos a nossa espécie e, por tabela, as outras espécies que fazem parte do planeta que habitamos. Nesse tempo de profunda cura e regeneração, os líderes quânticos acoplam um valor essencial às suas vidas: a visão da unicidade energética – criadora de compaixão e entendimento –, que se reflete no amor-próprio e ao próximo. Sem compaixão, a liderança pode virar tirania, manipulação e violência. É urgente a presença da compaixão em nossos relacionamentos, sejam eles profissionais ou pessoais. Qualquer forma de poder sem sabedoria e sem amor é limitada e tende a desaparecer com o tempo, como aconteceu com os impérios do passado. E essa compaixão só surge da unicidade, do fazermos de "dois" "um", do interior o exterior, como referiu Jesus Cristo há mais de dois mil anos.

∞

Resumindo, o outro sou eu. Todas as minhas visões sobre o outro são de minha inteira responsabilidade, pois eu crio o outro a cada instante, consoante os meus pensamentos e as minhas emoções. É possível vivermos nossas experiências pessoais e profissionais sem acreditar tão radicalmente no papel mental que desempenhamos, seja de diretor, colaborador, chefe de uma empresa ou presidente de um país, pai de família, filho ou esposa. Se mantivermos bem presente a ideia de que somos todos UM, e que as diferenças no corpo, na educação, na cultura, no cargo, na profissão e no extrato bancário são meras ilusões criadas pela mente, pois na essência somos a mesma coisa, tudo fluirá de forma mais harmoniosa e verdadeira.

Quanto mais nos identificarmos com os vários papéis sociais, menos conseguiremos enxergar que, para além de todos eles, existe um único ser, manifesto em vários corpos, composto de matéria e espírito, capaz dos mesmos feitos e sensível aos mesmos sentimentos e emoções, digno e merecedor das mesmas coisas. Verificamos que a ideia de separação entre o eu e o outro é a causadora de todos os equívocos relacionais desde o início dos tempos. Se eu souber que o outro sou eu e que eu sou o outro, logo, somos o mesmo, como poderá haver espaço para a culpa ou para o julgamento se toda a dualidade é anulada? Podemos estabelecer um relacionamento mais verdadeiro e amoroso entre todos, compreendendo que somos UM, que não existe separação alguma. A forma como trato o outro é a forma como me trato. Sabemos hoje que a ilusão do outro é a causadora de todos os traumas e bloqueios psicológicos e emocionais, criados pela mente, desde o início dos tempos. É porque o outro existe, separado e diferenciado de nós, que competimos, que matamos, que agredimos, que nos comparamos com ele, queremos ter razão em relação à razão dele, lutamos para ganhar qualquer batalha contra ele, nos defendemos dele e o atacamos. Se a ideia de outro desaparecer das nossas mentes, desaparece também toda a ilusão de que o outro é diferente de nós e, consequentemente, desaparece todo conflito e sofrimento. É nesse instante que o amor verdadeiro assume o reinado em nossas empresas, escolas, famílias e comunidades. O outro somos nós, pois não há realmente outro, mas UM ÚNICO SER PRESENTE EM TODA A DIVERSIDADE DE FORMAS DO UNIVERSO. Quando conseguimos utilizar o poder natural interno em nossas vidas, assumimos total responsabilidade por todos os nossos pensamentos, sentimentos, emoções, palavras e ações, pois reconhecemos quanto eles influenciam o Todo e quanto o Todo responde, na exata medida, ao que pensamos, sentimos, dizemos e fazemos, como um bumerangue. Na África do Sul, existe um termo chamado *ubuntu*, que significa "humanidade com os outros" e "sou o que sou pelo que nós somos". Vivemos um tempo em que emerge a urgência de uma nova liderança mundial, que tenha como base espiritual e científica esse princípio básico da física quântica, pois sei que quando agrido alguém estou me agredindo, quando roubo alguém, estou me roubando, e quando amo alguém estou me amando, pois não existe nenhuma separação entre os seres, uma vez que fazemos parte de uma grande rede energética, uma teia invisível, tal como um grande jardim repleto de várias espécies de plantas, cada uma com a sua cor e forma únicas, em permanente interdependência. A diversidade entre nós é apenas na forma, não na essência, e é o sinal claro da nossa grande magnificência, e não razão para competirmos, lutarmos ou querermos dominar aqueles que achamos serem diferentes de nós. É o momento para nos vermos como UM ÚNICO SER, a Humanidade, composto por aproximadamente 7 bilhões de pessoas, sabendo que cada uma dessas pessoas é única e ao mesmo tempo universal, não existe isoladamente, mas em plena unicidade e conexão com as restantes. É Deus, o Grande Espírito, que permeia a ligação de tudo o que constitui o nosso Universo infinito.

∞

A restante abordagem do livro se desenvolve em torno dos poderes internos que vivem imersos em nós mesmos, e correspondem a determinados comprimentos energéticos de onda que os líderes podem aceder para manifestar a realidade que desejam, tendo como premissa básica assumir total responsabilidade pelo próprio campo energético, pois entendem o poder que possuem em influenciar todo o contexto em que estão inseridos, seja a família, empresa, comunidade, país, planeta ou Universo. Sabem que, ao mudar a frequência vibratória, a realidade também muda. Caso queiram que suas empresas manifestem bons resultados financeiros e bons relacionamentos, têm de vibrar no comprimento de onda correspondente, pois acedem à realidade contida nessa faixa energética e ela se manifesta na prática. Isso só depende deles mesmos. A partir dessa perspectiva, tudo deixa de ser algo por obter e se converte em acessar o resultado desejado, que já está criado no Universo quântico das infinitas possibilidades. No Universo vibracional quântico nada é impossível. Quando vibramos no comprimento de onda daquilo que queremos aceder, ele se torna parte das nossas possibilidades futuras no nível quântico, e torna-se rápida a sua manifestação material. Hoje, sabemos que a ciência consegue provar, através da física e da mecânica quânticas, que o pensamento e a emoção são energia, e toda energia tem uma vibração – a vibração que cria o mundo material, desde o nosso corpo até o restante ao nosso redor –, por isso, experimente utilizar o real poder pessoal para expandir sua amplitude energética no Universo — tenho certeza de que ele lhe retribuirá. Só é servido pela vida quem a serve.

1º PODER INTERNO

CORAGEM
Nível de vibração: 200

A vida contrai-se e expande-se proporcionalmente à coragem do indivíduo. **Anaïs Nin**

O primeiro poder interno do líder quântico é a coragem – o caminho do coração. O líder é movido por um coração que corre riscos e avança, assumindo todas as consequências das suas ações, liberando, assim, a falsa percepção de vítima, própria das frequências mais densas. É interessante verificar que a coragem é a emoção humana que faz a transição entre as emoções negativas, de baixa frequência vibracional, e as emoções positivas, de alta frequência vibracional. Acima do nível 200, tudo é construtivo e consistente. A nossa vida começa a fluir, sem esforço. Começamos a sentir que a vida é viável, que é possível vivê-la de forma mais leve, pois entramos num processo de empoderamento, ou seja, começamos a jornada do resgate do verdadeiro poder pessoal. A coragem é a alavanca, o portal de transição, faz com que mudemos de um registro negativo e destrutivo de pensamento, emoção e ação, próprio do ego, para um registro positivo, construtivo e de criação, próprio da alma. O líder quântico é portador da chave desse portal. A coragem de um líder motiva e estimula o despertar da alma de muitos. Pode ser porque alguém já arriscou alguma vez na vida que outros se encorajam e avançam. Ou porque Jesus e Buda atingiram a iluminação, muitos seres humanos decidem avançar nesse processo de autoconhecimento e autodescoberta, sentindo que é possível também para eles atingir essa vibração e liberdade. Quando vibramos na emoção da coragem, chegamos primeiro aos desafios e dizemos para quem nos segue: "É seguro, podem vir". Abaixo da linha da coragem estão todas as emoções que possuem origem no medo do ego, e acima da coragem todas as que têm origem no amor da alma. A humanidade está vibrando na faixa da coragem, no limiar entre o medo e o amor, entre o destruir e o construir, por isso vivemos um tempo de decisões. Que escolha fazemos? Que decisão tomamos? Queremos um mundo sustentado pelo medo ou pelo amor? Escolher o amor e suas derivações é o maior ato de coragem desta nova era, viver pela alma e não mais pelo ego.

∞

Por que o líder quântico sente coragem? Porque a coragem é um portal de abertura, de expansão e de crescimento.

Que qualidades advêm da coragem? A confiança, por exemplo. Quando um líder age com coragem é porque ele confia no fluxo da vida, ele sabe que sempre será acolhido de alguma forma, mesmo depois de uma queda ou de um fracasso, podendo dessa forma largar toda a necessidade de controle e domínio, que advém do medo. E isso não o faz desistir, ele sempre vai em frente e se arrisca, principalmente porque sente confiança e fé plenas em si mesmo. Os verdadeiros líderes são aqueles que perderam o medo de perder, por isso se entregam totalmente a tudo o que vivenciam, sem saber os resultados de suas investidas, mas receptivos às consequências de seus atos. São aqueles que mergulham totalmente no desconhecido e se atrevem a ser felizes, apesar de toda a insegurança. A coragem é o caminho do coração, como já foi referido inicialmente, então é um caminho de risco, é um caminho cego, pois os olhos do coração estão voltados para dentro, ao contrário dos olhos da razão, que procuram suas motivações no exterior, agindo de forma prudente, segura e calculista. O coração é um apostador de cassino, capaz de colocar toda a sua fortuna numa jogada; ao contrário da cabeça, que procura contar todos os dígitos das suas contas com medo de perder seu dinheiro. O líder quântico é um apostador de cassino, coloca a sua vida, se for necessário, na jogada, à qual se entrega totalmente, pois tem fé em algo maior que o suporta e alimenta – reconhece que um poder maior existe e cuida dele. Essa confiança atrai mais confiança por parte dos que o rodeiam, atrai mais possibilidades e abertura de caminhos, permitindo a expansão em todos os níveis. A coragem é um impulso do coração; apesar do que nossos olhos veem e nossos ouvidos escutam, ela nos liberta da sensação de pequenez e incapacidade. Os líderes com coragem agem, apesar de toda a dualidade, de toda a dúvida, de todo o desconhecido, pois eles confiam. Se um líder não arrisca, não é líder, pois o que o torna líder é o fazer diferente do rebanho em que está inserido. Ele é um leão e não uma ovelha. Não segue ninguém, e também não gosta que o sigam, mas que sigam a si próprios. Líder é aquele que forma outros líderes e não liderados. Associado ao ser líder está também o ser pioneiro, que apresenta mudanças, ideias inovadoras e ações fora da matrix global. Como poderemos fazer mudanças e ser pioneiros em algo se não sentirmos coragem? Quando os líderes entram, por várias razões, na faixa vibracional do medo e suas emoções derivadas, o que acontece com seus negócios, empresas e famílias? Entram em caos e podem ser destruídos em pouco tempo.

Para que um líder consiga manter qualquer projeto, seja pessoal, social ou familiar, é preciso que consiga manter o seu campo energético vibrando acima da coragem, para que possa correr riscos com sabedoria e discernimento. À medida que aumentamos o nosso nível de confiança e coragem – a nossa vibração interna –, novos desafios de crescimento e expansão virão. Aparentemente, eles parecem maiores na proporção em que a nossa confiança e coragem também crescem. E o que são desafios? Desafios são dúvidas. Dúvidas sobre o nosso valor, sobre a nossa confiança e coragem. Dúvidas quanto ao grau da nossa fé, ou até que ponto acreditamos que damos conta e temos capacidade para responder a essas novas situações. O líder pergunta a si mesmo: "Será que sou capaz?". A coragem faz com que ele afirme, dentro do seu coração: "Sim, sou capaz de ser, eu sou!", e avance sem medo para tudo o que a vida lhe oferece. Quando o líder assume cada desafio e afirma "Eu sou capaz, pois eu sou maior que qualquer desafio", ele compreende, no mesmo momento, que a sua verdadeira identidade está além de qualquer problema, está além do seu diminuto ego. O líder quântico compreende que o princípio criador opera dentro dele, então, se o desafio é criado por ele, a superação também é sua criação. Jamais se diminui perante qualquer obstáculo, seja ele de que tamanho for. É pela coragem que começamos a jornada nessa vida, quando estamos dentro da barriga de nossa mãe e, de alguma forma, sabemos que temos de sair daquele lugar tão confortável e aconchegante depois de 9 meses. Passar por momentos de aperto para chegar a um novo lugar, totalmente desconhecido, sem saber se nasceremos em um berço de ouro e amor ou no meio de uma guerra. Há ato de maior coragem? A confiança do bebê que nasce para o desconhecido é o exemplo maior do que somos capazes.

∞

Os líderes quânticos têm confiança no mundo, pois não têm medo dele, confiam que um poder profundo interno opera através deles, por isso arriscam e têm fé nesse poder que os sustenta e mantém tudo o que é sagrado e real. Esse olhar de total confiança muda o mundo, pois leva os outros a criarem novas percepções. Eles sabem que o poder não é deles individualmente, mas o poder do Todo, o real poder da existência pulsando em seus corações. Esse pulsar os incita a avançar com coragem e sem medo para a caminhada de autorrealização, escalando vibrações cada vez mais sutis. Quem escolheria viver uma vida de medo quando lhe foi dado o vislumbre do poder da eternidade, revelado em seu coração? A coragem é a mensagem de Deus para os homens: "Segue e avança, receber-te-ei sempre de braços abertos, há muito mais onde subir". E, com essa certeza, o líder quântico caminha se desfazendo de tudo que não tem mais valor em sua vida, de todos os pensamentos de incapacidade, desmerecimento, medo e vitimização, pois só tem valor o que vem do amor e da verdade do coração. Nessa caminhada de ascensão, o céu não é o limite, é apenas o ponto de partida.

EXERCÍCIO DE CORAGEM

Já pensou em saltar de paraquedas? Sugiro que pesquise um pouco sobre essa atividade radical e marque o seu primeiro salto. É uma experiência absolutamente transformadora, em que a coragem se sobrepõe a todos os medos. A partir desse momento, você terá uma amplitude muito maior de percepção sobre a própria confiança e do que você é capaz. Existem outros exercícios que poderá fazer para desenvolver a coragem. Experimente colocar uma venda nos olhos e se permitir ser guiado por um amigo, em um espaço ilimitado, como um jardim público. Ele segurará em sua mão e, sem falar, o levará a experenciar a confiança de caminhar livremente sem a ajuda da visão. No final, retire a venda e deite-se na grama. Sinta quanto é relaxante confiar e ter coragem. E repita a experiência mais vezes, até conseguir fazer esse mesmo exercício sozinho.

2º PODER INTERNO

INTEGRIDADE
Nível de vibração: 210

A integridade é a base da confiança, a qual não é tanto um ingrediente da liderança quanto um produto dela. É a única qualidade que não pode ser adquirida, mas deve ser conquistada. É concebida por colaboradores e adeptos, e sem ela o líder não existe. **Warren Bennis**

Vibrando a 210 encontra-se a integridade, associada ao caráter da pessoa, ao qual relacionamos a retidão e a convicção como manifestações comportamentais dessa vibração energética. Consistência e alinhamento são os tópicos principais para este segundo poder interno dos líderes quânticos. Cada um de nós é exemplo para os outros, muitas vezes sem saber. Que tipo de modelo sou para o mundo? Digo uma coisa e faço outra? Penso uma coisa e manifesto outra? Quantas vezes nos pegamos defendendo uma determinada perspectiva e depois, na prática, fazemos o oposto, ou julgamos alguém e depois agimos da mesma forma, refletindo um desalinhamento entre a nossa cabeça/mente, coração/alma e pés/corpo. Aliás, é a partir desse (des)alinhamento que criamos a nossa realidade. A qualidade da realidade que criamos depende de quanto alinhamos nossos pensamentos com nossos sentimentos, emoções e ações. Se pensamento, sentimento e emoção não estão alinhados dentro de nós, não há união nem integridade. Portanto, se cada padrão se move em direção diferente, a consequência é a dispersão de energia e do resultado das nossas ações. Se, por outro lado, os nossos padrões vibracionais internos se centram na união, o resultado material dessa criação é potencializado e de mais fácil e rápida manifestação no plano físico.

$$\infty$$

Podemos utilizar a energia da qual somos compostos para criar ou para destruir, e tudo isso se relaciona com a integridade do fluxo energético do ser humano, que corresponde a um comprimento de onda na casa do nível vibratório 210. Não basta ter conhecimento racional se não existir amor e sabedoria no coração, pois de que vale o saber fazer sem o saber ser? Muitos são os seres humanos capazes de fazer, mas muito poucos são capazes de apenas ser. A falta de integridade é a falta de conexão entre as várias "partes" que constituem o todo humano. Podemos desejar a paz no mundo, mas se existem pensamentos conflitantes de medo e raiva em nossa mente, como contribuiremos para essa paz? Por vezes, temos um projeto que queremos colocar em prática, mas não sentimos coragem para avançar, o que inviabiliza sua realização. Tudo se manifesta no mundo através do alinhamento cabeça, coração e pés – alinhamento CCP –, que é comandado pela mente, que dá os comandos e executa as funções. Ora, se a mente está desorganizada e caótica, vibrando abaixo de 200, inevitavelmente vai gerar caos e destruição. A mente é como um carro, que necessita de um motorista, pois não funciona sozinha. Se um carro avança sem motorista, inevitavelmente encontrará um obstáculo com o qual irá colidir. Por isso, o líder quântico deve aprender a conduzir a sua mente. Para isso, cultivar o silêncio e praticar a auto-observação dirigida são duas das práticas diárias que ajudam na identificação das incoerências entre pensamento, sentimento, emoção e ação nas nossas vidas. A integridade é a qualidade que advém da consistência e da honestidade interiores, quando nenhuma palavra se opõe ao que pensamos ou fazemos, quando nenhum pensamento contradiz outro ou quando nenhuma ação segue um fluxo oposto ao que dizemos. Quando tudo em nós conflui em um mesmo sentido, gerando uma congruência entre as nossas partes. Nesse exato ponto somos íntegros e não entramos em conflito com ninguém, pois não existe conflito em nenhum nível do nosso ser. Quando existe integridade no líder, ele é um gerador de verdade, harmonia e concordância, pois nada nele está em guerra, sua mente é una e suas ações coerentes. Nenhum líder que esteja em estado de unidade consigo mesmo pode conceber algum tipo de competição ou luta, daí observarmos que, em grande parte dos líderes mundiais atuais, esse conflito interno ainda impera. As escolhas dos líderes quânticos devem ser feitas tendo em consideração toda a humanidade, atendendo à realização, à harmonia e à paz de todos e não apenas de si mesmos.

∞

O alinhamento CCP é por excelência a engrenagem criativa da nossa realidade. Se pensarmos, sentirmos e agirmos em unidade, seremos um modelo viável e verdadeiro para quem nos rodeia, isso em nossas organizações, escolas, famílias, comunidades e países. Se por outro lado vivermos desalinhados, o que pode acontecer é o outro não reconhecer em nós a verdade, a transparência e a autoridade em nossas palavras e ações. Quantas vezes, como diretores de empresas e presidentes de países, afirmamos e defendemos determinada visão e em cima disso tomamos decisões que não estão em consonância com nossas atitudes e ações diárias? Como a velha história do médico que diz a seu paciente que ele tem de deixar de fumar porque é um vício nefasto para a saúde e ele mesmo fuma dois maços de cigarros por dia. Ou o professor que, para estimular o silêncio na sala de aula, grita com seus alunos para que se calem. Esses são alguns exemplos da incongruência a que nos sujeitamos ao longo de gerações, mantendo esse padrão mental repetitivo. Um pai que diz para seu filho que ele tem de ser honesto e verdadeiro, e o filho observa que o pai, com frequência, mente e age desonestamente. Qual a base de desempenho que a criança irá criar para si mesma, tendo como referência externa esse desalinhamento que a maioria dos adultos a seu redor manifesta? O mesmo acontece com as empresas, principalmente para quem ocupa cargos de direção e chefia, em que muitas vezes aquilo que é dito e defendido não é vivido na prática diária da empresa. Que credibilidade tem, para a equipe, um chefe que diz uma coisa e faz outra? Como pode um chefe que está desintegrado ser referência e inspiração para a sua equipe? Em todos os papéis sociais que desempenhamos, se o fizermos de forma alinhada internamente, seremos verdadeiros em todos os cenários da nossa vida, pois tudo o que pensamos e sentimos e a forma como agimos é integrado e consistente. Quem vive a integridade é seguro de si mesmo e de suas escolhas, tendo sempre em vista que faz parte de um todo, maior que a soma de suas partes, e por isso age em consonância com essa interação global, não apenas com base em seus desejos egocêntricos e fragmentados. No nível da consciência, o líder quântico se integra no Todo e é integrado por ele, manifestando na ação esse seu poder interno, vibrando acima do nível 210, em uma frequência sustentadora da vida e construtora de relacionamentos verdadeiros, honestos e saudáveis.

EXERCÍCIO DE INTEGRIDADE

Que tal observar se aquilo que você fala condiz com o que você faz? Pergunte a seus colaboradores, familiares e amigos mais próximos como eles o veem. Perceba se o veem como uma pessoa íntegra. Pode questioná-los, por intermédio de um pequeno formulário, sobre se as suas palavras correspondem às suas ações e se eles o consideram um modelo para a sua comunidade. Experimente, talvez você se surpreenda.

3º PODER INTERNO

HUMILDADE
Nível de Vibração: 270

Quanto maiores somos em humildade, tanto mais próximos estamos da grandeza. **Rabindranath Tagore**

Primeiro, é importante clarificar o conceito de humildade, pois são muitos os significados atribuídos a ele. A humildade é o reconhecimento da nossa pequenez e da nossa grandeza, simultaneamente. Precisamos observar que somos pequenos quando comparados com o tamanho do Universo, que somos uma pequena centelha divina, um pedaço do céu, mas que, ao mesmo tempo, somos grandes, pois não deixamos de ser o Todo, apesar de ele estar contido em uma pequena parte. Que o nosso verdadeiro ser é infinito e eterno, apesar de aparentar ser efêmero e finito, quando nos identificamos apenas com o nosso corpo físico. A humildade surge como a aurora, quando há o abandono consciente de toda a arrogância, orgulho, vaidade e senso de separação do ego. Como é que a verdadeira humildade se manifesta na prática da liderança quântica? Sendo uma frequência energética que vibra a 270, a humildade proporciona um afastamento de todo tipo de comportamento arrogante e orgulhoso e nos faz sentir unidos a tudo o que existe, em um plano de pertencimento, inclusão e igualdade. Quando vibramos em frequências inferiores, como as do orgulho e narcisismo (nível 175), significa que nos colocamos à parte do Todo ou o Todo à parte – isso é a ilusão da separação. E o fazemos de duas formas, acreditando que ambas existem: pela superioridade e pela inferioridade. No caso da superioridade, eu me diferencio e separo da criação quando me vejo superior a ela, normalmente inferiorizando-a, seja em relação a outro ser humano, a um animal, planta ou qualquer outra forma de vida. No caso da inferioridade, eu me separo da criação quando me inferiorizo perante ela, quando me diferencio dela e a desmereço. A humildade está diretamente relacionada com a igualdade, pois opera na visão de equanimidade. Não existe possibilidade de separação no Universo, pois somos a mesma teia de energia universal, comprovada cientificamente, sem qualquer tipo de diferenciação nas essências micro e macroscópica. Somos diferentes apenas na forma, na aparência, mas a nossa origem é a mesma. Somos os mesmos átomos, moléculas e elétrons que nossos irmãos e irmãs, que nossos colaboradores, amigos, pais e esposas. Somos os mesmos átomos e moléculas que nossos inimigos, que plantas, criminosos e políticos. E impossível sermos inferiores ou superiores a alguma coisa, pois nós somos tudo o que existe. No fundo, a humildade é sabermos que todos viemos da mesma origem e que a ela voltaremos, sem nenhuma exceção. Ninguém está acima ou abaixo de ninguém. A humildade é a visão plena de unidade na mente humana. Os líderes quânticos veem tudo a partir desse olhar, pois sabem que as decisões que tomam não são diferenciadoras, mas igualitárias. Pressupõem uma atitude de empatia, de conexão, de reverência, de respeito e de terem de se colocar no lugar dos outros seres, para poderem decidir de forma verdadeira e justa.

∞

Humildade é universalidade, pois não há necessidade de sobreposição em relação a nada nem a ninguém. Há também um sentimento de honra e respeito por tudo que é. Ser humilde é olhar em frente, não é um olhar de idolatria, quando nos inferiorizamos perante alguém, nem um olhar de desprezo, quando nos sentimos superiores; é, antes, um olhar reto. Daí a humildade estar fortemente relacionada com retidão, manter as costas direitas. Quando curvamos as costas, adotamos uma postura de inferioridade e quando inflamos o peito mostramos que nos sentimos superiores aos demais. Há uma história oriental que conta o seguinte:

Um discípulo treinava havia muitos anos com o seu mestre num mosteiro. Certo dia, aproximou-se dele e disse:

– Mestre, já estou pronto para sair do mosteiro. Quero conhecer o mundo e me sinto preparado para fazê-lo.

O mestre respondeu:

– Muito bem. Mas antes de você ir, quero lhe propor uma última coisa, pode ser?

– Claro que sim. Estou pronto para o que o mestre pedir! – respondeu o discípulo com confiança.

– A comitiva do Imperador vai fazer-nos uma visita neste final de semana e gostaria que você estivesse presente e pudesse cumprimentar todos os convidados.

– Tudo bem. É só isso?

No sábado de manhã a comitiva chegou ao mosteiro e uma enorme fila de ministros e sargentos que acompanhavam o Imperador formou-se no pátio central. O mestre chamou o seu discípulo e disse-lhe:
– Gostaria que apertasse a mão de todos esses homens, incluindo o Imperador.
– Sim, mestre, sem problema.

E o discípulo começou a apertar a mão dos vários homens que ali se encontravam, até chegar a vez do Imperador. No momento em que olhou para o Imperador, a mão do discípulo tremeu. O mestre olhou para ele e disse:
– Você ainda não está pronto para sair do mosteiro.

Muitas vezes pensamos que humildes são aqueles que se inferiorizam, que se rebaixam perante os outros, mas não é verdade. Humildade é o caminho do meio entre a arrogância e a falta de autoestima, que são os extremos de uma mesma questão. Ser humilde é viver no coração, pois nele toda a dualidade é diluída, nele reina a unidade e a certeza de sermos todos iguais, mesmo que ocupemos cargos ou funções diferentes, nas empresas, nas escolas ou nas famílias. Com frequência precisamos reconhecer o nosso devido lugar em um determinado sistema, seja ele organizacional ou familiar. Saber respeitar o lugar de cada um, seu papel, honrando a caminhada de cada ser e, assim, aceitar e honrar a nossa própria caminhada. Os outros são nossos reflexos, são partes nossas, na verdade somos nós mesmos. Entao, como nos colocamos perante nós mesmos?

∞

No Oriente, as pessoas se cumprimentam com uma reverência, honrando o ser que está à frente e toda a sua ancestralidade, como sinal de profundo respeito por tudo o que aquele ser é, independentemente de seu status social, acadêmico, econômico, profissional e de suas opções religiosas, sexuais ou culturais. No meio empresarial, o líder quântico reverencia e honra seus concorrentes, se coloca em posição de humildade e abertura para aprender com seus colaboradores e para conhecer possibilidades diferentes da sua. Com essa postura, está valorizando a si mesmo, a seus colaboradores e oponentes no mercado profissional. Ele sabe que a humildade é uma atitude inclusiva perante a vida, que promove a integração de tudo e todos. A humildade une as pessoas, enquanto o orgulho e a mediocridade as afasta.

Deixo aqui um pequeno texto, que explica de forma poética o poder interno que é a humildade, do autor Paulo Roberto Gaefke:

Você sabe por que o mar é tão grande?
Tão imenso, tão poderoso?
É porque teve a humildade de colocar-se alguns centímetros
abaixo de todos os rios.
Sabendo receber, tornou-se grande.
Se quisesse ser o primeiro, centímetros acima de todos os rios,
não seria mar, mas sim uma ilha.
Toda sua água iria para os outros e estaria isolado.
A perda faz parte.
A queda faz parte.
A morte faz parte.
É impossível vivermos satisfatoriamente.
Precisamos aprender a perder, a cair, a errar e a morrer.
Impossível ganhar sem saber perder.
Impossível andar sem saber cair.
Impossível acertar sem saber errar.
Impossível viver sem saber viver.

Se aprenderes a perder, a cair, a errar, ninguém mais o controlará.
Porque o máximo que poderá acontecer a você é cair, errar e perder.
E isto você já sabe.
Bem-aventurado aquele que já consegue receber com a mesma naturalidade o ganho e a perda, o acerto e o erro, o triunfo e a queda, a vida e a morte.

EXERCÍCIO DE HUMILDADE

Um dos melhores exercícios para desenvolver a humildade é, literalmente, se dobrar. Você pode fazê-lo de manhã antes de começar seu dia e ao final do dia, antes de dormir. Dobre-se no chão, como os muçulmanos fazem na sua oração, colocando a cabeça no chão, mais baixa do que o coração, e nesse momento reverencie toda a sua ancestralidade e tudo o que existe, como sinal de honra pela criação, da qual você faz parte. Em todos os momentos em que sentir dificuldade ou tiver atrito com alguém, faça internamente uma reverência, dobrando-se perante a situação e se colocando em posição de aprendizado. Depois de umas semanas, observe o que mudou em você e em seus relacionamentos. Seja como o oceano que se coloca abaixo dos rios e por isso recebe de todos a sua água, aumentando sua grandeza. Baixe a sua cabeça aos seus ancestrais e receba deles toda a riqueza, sabedoria e abundância que são seus por direito. A humildade traz a grandeza e a glória.

Humildade significa ajustar-se à realidade, reconhecendo que ela é maior e mais poderosa que nossos desejos. **Bert Hellinger**

4º PODER INTERNO

PERDÃO/ACEITAÇÃO
Nível de Vibração: 350

A mais divina das vitórias é o perdão.
Friedrich Schiller

Para o ego, perdão é algo impossível e inalcançável. Para o ego não existe nenhuma razão para perdoar, no entanto existem muitas razões para julgar, avaliar e punir. O perdão é a chave para a liberdade, pois liberta o ser humano do sofrimento, resultado da culpa e do julgamento autoinfligidos. Também nas organizações o perdão é uma prática essencial, pois é a ferramenta emocional de excelência para uma efetiva resolução de conflitos. O perdão é um dos vários portais para o amor. Ele só existe enquanto for necessário desfazer todos os equívocos criados pelo ego, pois para a alma nunca existiu culpa nem pecado. O perdão só pode ser praticado em nós mesmos, pois é um exercício de neutralização dos padrões julgadores da mente. Uma mente que julga estagna, fica presa a memórias do passado e as projeta no futuro, repetindo ciclicamente os mesmos resultados – aquilo a que mais comumentemente chamamos de padrões. Daí o perdão ser uma espécie de borracha, que apaga todas essas memórias e registros de julgamento e sofrimento autoimpostos, liberando, assim, toda a negatividade. Se observarmos o conteúdo da nossa mente, verificaremos que ela está preenchida de pensamentos avaliadores, de julgamento e crítica, por isso a realidade que criamos se repete em mais dor, julgamento e conflito. Para mudarmos a nossa realidade, o nosso mundo e as nossas organizações, temos, invariavelmente, de mudar os nossos pensamentos. Precisamos passar da mente julgadora, destruidora e repressora para a mente amorosa e criadora. Esse poder interno dos líderes quânticos deve ser aplicado a todas as situações e esferas da vida, quer no contexto pessoal, quer no organizacional, uma vez que diz respeito ao relacionamento intra e interpessoal. Se perdoo a mim mesmo, eu perdoo o outro – o meu chefe, o meu pai, a minha esposa, o meu colega, o meu vizinho. Toda projeção de julgamento no outro é um autojulgamento, ou seja, quando eu critico alguém, estou me criticando. Quando eu não consigo aceitar um comportamento, atitude ou palavra do outro, é porque não estou aceitando isso em mim mesmo. Só o perdão pode curar o ego de todo julgamento autoimposto. O perdão é um portal para a nossa vivência espiritual, pois, quando perdoamos a nós mesmos, estamos perdoando todo o Universo, toda a criação. No limite, estamos perdoando Deus, aceitando-o como É. Se eu não perdoo o outro ou a mim mesmo, então não perdoo Deus, culpando-o por todo o sofrimento que vejo no mundo e me colocando no papel de vítima.

Nas empresas, esse quarto poder interno, que vibra em um comprimento de onda de nível 350, pode ser aplicado como prática diária por toda a equipe, com vista a uma gestão de conflitos mais eficaz. A frase "Queres ser feliz ou ter razão?" no livro *Um Curso em Milagres*, evidencia claramente a diferença entre a alma portadora da felicidade e o ego que quer ter sempre razão, que luta até o seu limite para fazer prevalecer a sua versão da realidade, que pensa ser a única correta. Quando, em um momento de agitação, sentimos que o conflito está vindo à tona, podemos perguntar a nós mesmos: "Neste momento escolho ser feliz ou ter razão?". Se optarmos pela felicidade, passamos rapidamente para um novo estado interno, que muda a nossa frequência vibratória e, consequentemente, a produção de hormônios, bem como a resposta fisiológica do nosso corpo e a respiração. Ao subir a frequência vibratória interna, tudo ao nosso redor muda — principalmente a forma como vemos as coisas —, o nosso olhar passa a ser amoroso e pacífico, em vez de conflituoso e agressivo, o que faz com que o conflito em potencial seja anulado instantaneamente. Nós temos o poder de mudar a realidade. A pergunta acima nos ajuda a trabalhar internamente, dando-nos a possibilidade de escolher como agir perante uma sensação desconfortável ou o comportamento de outra pessoa. A verdadeira liberdade está em conseguirmos responder com habilidade ao momento presente, sem reagirmos a ele com base no tempo da mente, pois o momento presente, que é sempre novo, quer uma resposta também nova e espontânea, não uma resposta antiga, com base em dados repetidos embutidos na memória. O perdão nos leva a vivenciar o aqui e agora eterno, dando a sensação de rompimento com o tempo da mente, para um tempo sem tempo – o tempo da alma. E nesse tempo novo tudo é novo, as situações são vividas como novidade, tal como a criança que sempre se surpreende com tudo. Assim é a experiência do aqui e do agora eternos em que a beleza da vida se manifesta em cada respiração, em cada rosto que cruza o nosso, em cada nota musical, em cada flor que se abre, em cada folha que seca, em cada nuvem que atravessa o céu, em cada gota de água que salpica as rochas junto à costa, em cada gargalhada, em cada palavra e em cada olhar. Tudo é vida. Tudo está incluído e tem o seu lugar. O perdão é um chamado para que acolhamos e amemos tudo e todos sem condições nem restrições.

∞

Todo julgamento decorre do fato de acharmos que sabemos mais do que sabemos, que ocupamos todas as posições possíveis sobre uma questão. O julgamento nos dá o poder de avaliarmos de forma aceitável alguma pessoa ou situação, mas é um engano, pois o julgamento é um erro em termos de percepção absoluta e um ato de discriminação sobre o que é aceitável ou não aos olhos do ego. Para a alma não há nada que não seja aceitável, tudo é resultado da criação, no entanto, para o ego, detentor da razão suprema, há coisas que são aceitáveis e outras não. Viver no perdão é viver no não julgamento, pois quando aceitamos tudo, estamos perdoando tudo o que é, mesmo que seja uma situação "má", "incorreta" ou "injusta" – termos que o ego utiliza para adjetivar a realidade. Quando julgamos, quebramos a nossa confiança na realidade, que se manifesta como é no momento. Os líderes quânticos perdoam, pois sabem que o perdão os liberta de todas as amarras que os prendem a frequências energéticas mais baixas, permitindo que sejam livres para ascender a planos mais elevados de consciência e realização. Tudo é o que é. Perdoar é desistir de se vingar de algo ou alguém e, no limite, de se vingar de si mesmo.

EXERCÍCIO DE PERDÃO E ACEITAÇÃO

Faça uma lista de todas as pessoas que você sente que precisa perdoar. Observe se aquilo que o fez sentir-se magoado foram aspectos da sua personalidade, refletidos no outro, que você ainda não consegue aceitar em si mesmo. Durante um momento reflita: "Se me restassem 5 minutos de vida, aproveitaria esse tempo para perdoar a mim mesmo? E ao perdoar totalmente a mim mesmo, posso perdoar todas as pessoas que julguei durante a vida? O que eu estou disponível a perdoar?". Depois dessa reflexão, sinta o que pode fazer para se aproximar dessas pessoas e se, em vez de julgá-las, agora consegue aceitá-las exatamente como elas são, bem como a si mesmo.

5º PODER INTERNO

GRATIDÃO
NÍVEL DE VIBRAÇÃO: 475

Quem acolhe um benefício com gratidão, paga a primeira prestação da sua dívida. **Sêneca**

A gratidão é a energia que abre todas as portas, porque é um estado interno com frequência vibratória muito elevada. Quando conseguimos, verdadeiramente, agradecer tudo em nossa vida, um portal de abundância é aberto, trazendo muitas e novas oportunidades. A capacidade de agradecer é uma ferramenta dos líderes quânticos, pois ela abre caminhos de expansão e prosperidade para todos os que utilizam esse estado interno altamente poderoso. Quando sentimos que os nossos caminhos estão fechados ou que as nossas demandas não fluem como gostaríamos, é presumível que não estejamos agradecendo. Provavelmente, a nossa gratidão por tudo o que existe na nossa vida não está sendo sentida e praticada. Ao ficarmos presos nas garras da reclamação, da cobrança e do julgamento, isso nos impede de apreciar e agradecer as maravilhas que a vida sempre nos apresenta.

Quando um líder quântico agradece o seu caminho — por mais tortuoso que seja —, os seus recursos, suas experiências, ele abre um caminho maior à sua frente. Quando ele agradece o apoio e entrega dos seus colaboradores em vez de penalizá--los, julgá-los ou cobrá-los, ele conquista o coração dos que o envolvem, e isso retorna a ele em forma de bênçãos. A capacidade que o líder quântico tem de agradecer quem é, a sua situação de vida, as pessoas que o circundam e todas as suas experiências, mesmo as intituladas "más experiências", é um poder supremo de integração da vida em si mesma – uma postura de SIM com o que é, de aceitação plena de tudo o que acontece e existe.

∞

O antigo líder pensava que pela força conquistaria mais poder. Ele teria de aniquilar os outros seres humanos para confirmar quem ele era, conquistando mais território, bens, recursos, influência, supremacia e riqueza. No fundo, ele acreditava que para ser próspero tinha de lutar e derrotar o outro para se apoderar de seus pertences, por meio de valores como força, agressividade, competição, violência e autoritarismo. Hoje, em pleno século XXI, isso não funciona mais, pois a humanidade está entrando em um novo estágio evolutivo, e os líderes quânticos sabem que é através da gratidão, da cooperação, do amor e da compaixão que a riqueza, externa e interna, é expandida, pois a real riqueza é a do coração, não a do banco. No entanto, quando temos esses valores no coração, as oportunidades de crescimento e prosperidade se manifestam, pois estão alinhados com o propósito da vida, expandindo-se em um campo infinito de possibilidades. Se observarmos com atenção um jardim, veremos que a natureza é abundante e próspera. Acontece sem que ela precise lutar, matar ou destruir tudo se movimenta com serenidade, paz e leveza. Se nós somos filhos da natureza, por que não prosperamos da mesma forma que nossa mãe?

A gratidão é potencializadora de tudo. Se agradecermos, em vez de exigirmos, toda a nossa situação de vida mudará em pouco tempo cronológico. O mundo seria rapidamente transformado se, em vez de reclamarmos dele a todo instante, pudéssemos adotar uma postura de apreciação e reconhecimento pelo milagre que ele representa. Sentirmo-nos realmente agradecidos pelo nosso mundo, pelo nosso planeta, por quem somos é um portal de profunda transformação da humanidade. É sua missão manifestar essa gratidão total por tudo, mesmo aquilo que a maior parte de nós tem dificuldade em agradecer, como obstáculos, problemas, dores e dificuldades. Os líderes quânticos sabem que tudo que está no próprio caminho faz parte da beleza da vida e não deixa de ser uma bênção, mesmo que venha com a aparência de um problema, uma doença ou um momento de caos, transformando a ameaça em oportunidade de crescimento e evolução. A capacidade de agradecer está profundamente relacionada com a abertura do nosso coração, ou seja, da nossa capacidade de amar, e amar é aceitar tudo o que existe e se manifesta. É confiar que não poderia ser de outra forma, por isso mesmo é único. Quando passamos o dia a rejeitar o que ele nos traz, estamos em negação de nós mesmos, pois negar o que acontece é negar a vida, negando toda a criação. Os ciclos de expansão e retração fazem parte do movimento natural da matéria, e todos os organismos dos vários reinos, incluindo o ser humano, estão sujeitos a esses ciclos. Normalmente, agradecemos com muita facilidade os movimentos de expansão, pois é fácil agradecer quando "está bom" — e quando não está, conseguimos agradecer? Quando o movimento contrai tudo em nossa vida, conseguimos sentir gratidão? Normalmente, quando as coisas não estão na fase de crescimento, entramos no modo reclamador, nos sentimos traídos e injustiçados pela vida. No entanto, a gratidão verdadeira é transversal a todos os ciclos, sejam eles de abundância, sucesso e realização, sejam eles de contração, fracasso ou morte, pois, no nível da forma, tudo é mutável e perecível, a única coisa eterna e permanente é a consciência, a alma, o espírito, que reside em seus corações. A imagem de Jesus na cruz revela a força da entrega, confiança e gratidão aos desígnios da existência – um momento de aceitação plena, apesar do sofrimento corporal.

∞

No mundo das organizações humanas, tudo isso acontece, pois todas passam por momentos de sucesso e crescimento e por momentos de retenção, dificuldade e fracasso, como todos os sistemas vivos – a Roda de Samsara, que representa a roda da vida e da morte, em ciclo repetitivo. E o grande desafio dos líderes é saber lidar com todos esses andamentos energéticos, principalmente se eles não conseguem agradecer por todos os altos e baixos. Todos os desafios, sejam pessoas, problemas ou determinadas situações, são mais fáceis de superar se agradecermos a presença deles em nossa vida, pois tornamo-nos aliados, passando a fazer parte da mesma equipe. Com muita facilidade, agradecemos os amigos, mas não agradecemos os inimigos. Com muita facilidade, agradecemos os pais amorosos, mas não os pais exigentes, duros e cobradores. Com muita facilidade, agradecemos a esposa carinhosa e compreensiva, mas não com tanta facilidade agradecemos quando ela está brava e com ciúmes. Com muita facilidade, aceitamos o filho obediente e cumpridor, mas não o filho rebelde, revoltado e irreverente. Quando agradecemos o que acontece em nosso dia a dia, tornamo-nos mais receptivos e menos resistentes, criamos menos entraves mentais e isso faz a energia vital fluir com mais naturalidade, trazendo maior aceitação da vida, de suas manifestações e expressões diversas. A gratidão é um valor espiritual muito sutil, de grande poder energético, pois nos permite aceitar e desfrutar a vida como ela é. É uma carta de amor enviada ao Universo.

EXERCÍCIO DE GRATIDÃO

Quantas coisas você pode agradecer? Já pensou nisso? Em vez de reclamar, experimente durante uma semana agradecer por tudo que você é, faz e tem. Desde estar vivo, ter olhos para ver a beleza de uma flor, ouvidos para ouvir músicas que tocam seu coração, uma boca e paladar para apreciar os inúmeros sabores do que come, pernas para caminhar, correr e dançar. Foque aquilo que já tem e que pode desfrutar, em vez do que não tem. A gratidão é a chave que abre todas as portas, aproveite para abrir as suas.

∞

Como líder de uma organização, você pode experimentar escrever uma carta de agradecimento a todos os seus colaboradores, fornecedores e clientes pela existência e pelo crescimento da sua empresa, pois sem eles você não seria capaz de chegar até onde chegou. Faça-o com o coração, como se fosse uma carta de despedida, e verá o impacto de sentir essa gratidão por tudo o que o rodeia.

6º PODER INTERNO

AMOR
Nível de Vibração: 500

*Há pessoas que amam o poder,
e outras que têm o poder de amar.* **Bob Marley**

A questão é simples: se não sentirmos amor por nós mesmos, não sentiremos amor pelo próximo, uma vez que não é possível darmos uma coisa que não temos. No entanto, fomos educados e domesticados para amar o próximo, começando pelo pai, pela mãe, pelos irmãos, vizinhos, amigos e até mesmo desconhecidos. Disseram-nos para respeitarmos o outro, para sermos bondosos com o outro, mas não nos disseram para sermos honestos com o que sentimos, para sermos verdadeiros e agirmos de acordo com o nosso coração e, acima de tudo, respeitarmos a nossa liberdade e a nossa vontade. Então, o amor ao próximo tornou-se falso, irreal, e todo tipo de falsidade subsequente foi criado. Para não desagradarmos o outro, vivemos frustrados, enraivecidos e tensos, escondidos por trás de máscaras de falsos sorrisos, e isso nos desagrada profundamente. Ora, se vivemos desagradados e insatisfeitos, como conseguiremos amar verdadeiramente alguém? Se nos sentimos desconfiados de tudo e de todos, como poderemos compartilhar amor e confiança com os demais, ou esperar que alguém confie em nós? Só seremos verdadeiros com o outro se o formos, em primeiro lugar, com o que sentimos, e para tal é preciso que aceitemos em nós tudo o que pensamos, sentimos, somos e experienciamos. Conseguiremos amar o outro quando deixarmos de nos negar interiormente e atingirmos um estado de total aceitação de quem somos. Só quando conseguirmos aceitar os outros e os acontecimentos tal como são – escuridão e luz num só – é que sentiremos amor verdadeiro.

Acontece que muitas vezes confundimos amor-próprio com egoísmo, que são expressões humanas completamente diferentes. No caso do egoísmo, há uma exclusão do outro, ou seja, só amo a mim mesmo, desintegrando o outro. No caso do amor-próprio, eu incluo e integro o outro nesse amor, pois somos o mesmo. O egoísmo é resultado de uma falsa percepção de separação, causando uma tendência para o isolamento, um senso de diferenciação, uma ruptura entre o "eu" e o "outro". O egoísmo não é uma forma de amor-próprio, está longe disso. No egoísmo, não há amor-próprio, sentimos medo de nós mesmos, tanto medo que nos fechamos, em vez de nos abrirmos. O amor-próprio é quando nos abrimos para aquilo que somos, nos abrindo para os outros, sem defesas, proteções ou armaduras, tal como uma flor. Se a flor tivesse medo de se abrir, de exalar o seu perfume, de compartilhar a sua beleza com o mundo, ela se manteria fechada. E uma flor fechada não se realiza, pois é da natureza da flor desabrochar, como é da natureza do ser humano amar. O amor é o perfume exalado pelo ser humano. E o medo impede o ser humano de amar, mantendo-o fechado em si mesmo. Essa parece ser uma das chaves do sexto poder dos líderes quânticos, pois o amor não é seletivo, ele é a força motriz da vida. Se a vida é o tronco de uma árvore, então o amor é a seiva que corre em suas veias, e por isso está presente em tudo e em todos, como o alimento nutritivo de tudo o que existe. Então, tudo é imbuído de amor, incluindo nós mesmos. Precisamos desenvolver a nossa consciência de amar a nós mesmos como ao nosso irmão, seja ele um colega de trabalho, o chefe ou o dono de outra empresa. Quem semeia amor, colhe amor, e no mundo empresarial acontece o mesmo. Todas as empresas que semeiam seus projetos com amor tendem a colher os respectivos frutos com o mesmo sabor, causando um impacto positivo no mundo. Os líderes quânticos se amam, se aceitam, se aprovam, reconhecem-se a si mesmos, e por isso fazem o mesmo com o próximo. Nos dias de hoje, que lugar tem o amor nas empresas e no mundo? Será que estamos amando o outro como a nós mesmos? Como podemos observar a ação do amor, vibrando no nível 500, na prática diária da liderança?

No próximo capítulo, será desenvolvida essa temática, através da reflexão sobre três expressões do ser humano: escutar, olhar e falar. Observamos que, quando escutamos, olhamos e falamos com amor, acontece uma reverberação energética poderosa sobre a realidade na qual estamos inseridos. Mais do que as coisas que escutamos, vemos ou falamos, o que realmente faz a diferença é a vibração na qual elas são escutadas, vistas e faladas. Experimente ficar sintonizado com a vibração do amor em cada uma dessas ações e verá a sua empresa, a sua família e comunidade se transformarem em um verdadeiro paraíso.

EXERCÍCIO DE AMOR

Diga a alguém quanto essa pessoa é importante e especial para você. Experimente fazer um elogio sincero ou oferecer um presente que você sabe que a outra pessoa ama. Procure ser gentil e bondoso consigo mesmo, em vez de se criticar ou cobrar. Se errou, dê a si mesmo um apoio e um elogio, em vez de se punir. Veja como as plantas crescem e florescem quando cuidamos delas com amor, agora imagine o que acontece com as pessoas.

∞

Como líder, investigue, dentro da sua equipe, o que deixa felizes as pessoas com quem você se relaciona diariamente e procure criar um momento de felicidade para elas.

AS TRÊS EXPRESSÕES DO AMOR

ESCUTA PROFUNDA

O homem comum fala, o sábio escuta, o tolo discute. **Sabedoria Oriental**

A arte de escutar é como uma luz que dissipa a escuridão da ignorância. **Dalai Lama**

Escutar é uma arte e um ato de amor. Se observarmos, nem todo mundo escuta, apenas ouve, pois existe muita dispersão. Apesar de termos dois ouvidos e uma boca, esta vale por dez. A língua tem uma sabedoria interna, mas também uma inquietude, pois nós não fomos habilitados a desenvolver a arte de escutar. Perdemos um pouco a referência dessa arte porque começamos, desde muito cedo, a ter a visão como principal referência na percepção do mundo e de nós mesmos. Como se pode ver, a qualidade da escuta foi diminuída, pois toda a realidade ficou resumida a um conjunto de imagens e definições, daí o sucesso mundial do Facebook, da televisão, do cinema, dos smartphones e dos computadores, que representam os estímulos visuais mais intensos. Existe uma forte conexão entre aquilo que vemos e o que falamos e, claro, a nossa concepção da realidade, e isso solidificou a mente racional, porque o imaginário da mente racional tem tido controle sobre o ser humano, através de palavras e histórias associadas a imagens, pensamentos e conceitos. Quantos seres humanos estão aqui no planeta neste momento, mas não escutam, não param para escutar a si mesmos e ao seu coração? Estar parado e escutar é muito difícil, pois quando paramos ficamos imersos em um processo de observação e atentos àquilo que faz ruído dentro de nós, àquilo que vemos, àquilo que falamos, àquilo que sentimos, àquilo que pensamos, então temos uma percepção maior sobre nós mesmos. Quando isso acontece, surge certo desconforto, pois a arte de parar é a arte de dar-se a si mesmo, de vislumbrar e contemplar quem realmente somos. A tendência do líder atual é querer, por todas as formas, ser escutado, mas ele não escuta a si mesmo. E se ele não escuta a si mesmo, como vai conseguir escutar o outro ou captar a atenção do outro para o que quer comunicar? A necessidade de ser escutado está relacionada ao fato de ele estar se sentindo solitário. Os líderes de hoje sentem-se sozinhos. A solidão traz a necessidade de você se expressar, de falar, de se mostrar. Com base nessa necessidade, foram criadas as mais variadas redes sociais, para compensar essa lacuna, esse vazio. Por meio desses programas virtuais, estamos querendo que os outros nos escutem, mas a verdade é que nós não estamos falando, apenas escrevendo, e se estamos escrevendo em vez de falar, toda a mensagem pode ser totalmente distorcida, porque não existe a linguagem da presença. Não existe entonação, nem tonalidade, nem emoção, nem sentimento, nem expressão corporal, apenas combinações de palavras e imagens, que são altamente suscetíveis a mais e mais ruído mental. A maior parte dos seres humanos se sente entupida de tanta informação nos dias de hoje. E o mais interessante é que tudo isso, todo esse regurgitar de informação nas redes sociais virtuais não cura nossa necessidade de sermos escutados. Então, hoje em dia as pessoas ainda se sentem mais sozinhas, menos escutadas, apesar da aparente proximidade criada pela internet. Essa solidão existe porque deixamos de sentir e de ser o que naturalmente já somos. Usamos o virtual porque fica tudo mais fácil, uma vez que mantemos a distância, as máscaras, os moldes e as formas, e falamos dentro de uma cúpula de proteção, projetando aparentes relacionamentos com base na imaginação e não na realidade de quem somos. Dentro do mundo virtual, posso pensar o que quiser e o outro vai pensar também o que ele quiser, numa verdade irreal, por isso tudo o que fazemos optando por esse caminho sempre é passível de intervenção externa, de distração ou equívoco, pois não estamos sendo escutados, apenas sendo vistos. Dentro desse mundo de imagens cria--se uma rede de repetições que se multiplicam e se forma mais e mais informação.

∞

Pergunte a si mesmo: você realmente se escuta? Faça esse teste por alguns segundos. Passam tantas imagens em sua mente que você não escuta nada, você apenas ouve o que a sua mente joga. Quantas coisas estão passando por sua cabeça agora? Muitos sons, imagens, pensamentos, alguns deles provocam sensações, ruídos lá fora, mas você ainda está ouvindo o que está externo. Foque um pouco mais profundamente dentro de si e mergulhe mais fundo numa conexão para escutar o seu coração. O que ele diz para você?

Essa é a verdade do escutar a si mesmo. Quando mergulha no mais profundo de si mesmo e entra no silêncio, você não ouve mais o que está fora nem se deixa confundir por todas as sugestões psicodélicas do mundo. Essa é a forma real de escutar. Quando ouvimos o que o outro diz sem escutar com o coração, sem escutar realmente, não é a realidade da nossa escuta profunda, porque o que ele diz é somente história e fato, mas nem sempre é uma realidade para nós. Precisamos sentir o que está além do que é dito. Ele fala com a sua visão e não com seus ouvidos, a sua fala chega apenas na cabeça, mas não entra no seu coração, não o toca, não ressoa. A verdadeira comunicação é feita em silêncio, mesmo utilizando palavras, pois quando há silêncio há paz e amor, e assim você escuta muito mais e compreende muito mais. Por isso, essa comunicação deve ser frente a frente, e mesmo que, às vezes, ela não esteja frente a frente, você pode senti-la com o coração, se conectando dessa forma. Quando você se conecta na linguagem e no escutar do coração, você aprende realmente a colocar o amor a serviço da escuta. Os líderes quânticos estabelecem contato com todos através de uma escuta profunda do coração, dando e recebendo opinião a partir de seu centro, para que a conexão e a comunicação sejam reais e efetivas, e não uma perda de tempo.

EXERCÍCIO DE ESCUTA PROFUNDA

Procure escutar profundamente alguém que fale com você. Coloque-se em uma postura de máxima receptividade, totalmente interessado em tudo aquilo que o outro está comunicando a você. Esteja plenamente presente nesse momento de diálogo e verá a diferença na sua comunicação e na qualidade de seus relacionamentos. Exercite a arte da escuta num mundo que apenas quer falar e gritar, pois escutar profundamente o outro é um ato grandioso de amor.

∞

Experimente, como líder, criar uma roda de confissões ou um espaço de partilha de sentimentos. Nesse ritual, coloque-se totalmente receptivo aos feedbacks de seus colaboradores, escutando com o coração sugestões e colocações sinceras. Você verá como isso trará grandes e profundas melhorias no relacionamento interpessoal e na confiança que os liderados sentem em relação a você.

OLHAR COMPASSIVO

Quem olha para fora, sonha.
Quem olha para dentro, acorda. **Carl Jung**

Quem não compreende um olhar tampouco compreenderá uma longa explicação. **Mário Quintana**

O líder é um motivador atuante. É por isso que dá o exemplo através de ações. O olhar é a mais poderosa forma de comunicação, e é por isso que o líder olha nos olhos, pois reconhece neles o que a alma reflete. "Os olhos são o espelho da alma" é uma frase muito conhecida que resume, em grande parte, a vibração do amor. O líder quântico deve ser capaz de olhar diretamente nos olhos daqueles com quem se relaciona, seja na empresa, em casa ou na rua. Todo ser humano é reconhecido através do olhar, pois ele reflete a verdade da alma. Sabemos quando uma pessoa fala a verdade pelo seu olhar. Reconhecemos sua autoridade e percebemos se fala com o coração ou se procura a informação nas gavetas de memórias armazenadas na mente. Quando a informação vem da experiência e do sentimento, ela é verdadeira, pois foi gerada por um processo de conscientização. Caso a informação venha da racionalidade, ela não atravessou o portal da interiorização e, por isso, é apenas um conjunto de dados compilados e organizados de determinada forma, mas sem um significado profundo e real. É a diferença entre sabedoria e conhecimento. Conseguimos pelo olhar sentir a diferença entre uma experiência e outra, pois o olhar revela a presença, a autenticidade e a espontaneidade no discurso do líder. Sabemos, quando olhamos profundamente nos olhos de outra pessoa, o que ela está sentindo, se do lado de lá da vitrine, que os olhos refletem, está algum tipo de emoção: tristeza, raiva, alegria, amor ou paz. Ao olharmos outro ser, sabemos qual seu estado anímico, o que está por detrás da cortina corporal, e que só o olhar profundo e atento pode descobrir. E, como líderes, ao sabermos o estado anímico dessa pessoa, ao entrarmos em contato com essa alma, poderemos adaptar com maior precisão a forma de nos comunicar e de compreendê-la, reconhecendo sua essência. Quando o líder reconhece tristeza no olhar de alguém com quem se relaciona — pode ser um colaborador da sua empresa —, vai ter mais recursos internos e sensibilidade para lidar com a pessoa de modo a potencializá-la e a passar a ela a energia de que precisa. Será mais fácil, reconhecendo o estado interno do colaborador, utilizar as palavras e ações certas para reconfortar e nutrir essa pessoa, em vez de fortalecer o seu estado de baixa frequência energética. Ou até mesmo, através do olhar silencioso, passar uma energia de compaixão e reconhecimento pelo que está sentindo. Isso é verdade para outras emoções e comportamentos, tais como raiva, frustração e medo. Ao entrarmos em contato através de um olhar profundo, estamos nos relacionando com a alma, com os sentimentos emitidos pelo coração, afastamo-nos da racionalidade, para avaliar algo que não pode ser avaliado pela cabeça, que não entende a lógica do que sentimos. Hoje, sabemos que somos seres emocionais e amorosos. O amor é o nosso combustível espiritual.

∞

Podemos conhecer um pouco do universo de outro ser humano se nos conectarmos com seu coração através do olhar e entrarmos em contato com os sentimentos; só assim teremos clareza quanto à forma de nos posicionarmos em relação a essa pessoa e ao que ela está sentindo no momento. Esse poder pressupõe que os líderes tenham essa sensibilidade desenvolvida, de olhar nos olhos, para entender a verdade por trás dos olhos e também para compartilhar a sua verdade com o outro. O líder que assume suas decisões olha nos olhos, mantém um olhar de igualdade para com todos os seres, não um olhar de superioridade, olhando de cima para baixo, nem um olhar de inferioridade ou vergonha, olhando de baixo para cima, mas assumindo uma linha reta com seu olhar, como que dizendo: "Somos todos iguais, apesar das diferentes funções que assumimos".

O olhar é uma ferramenta extremamente importante, e o poder de olhar nos olhos revela muita coisa sobre o ser humano. No nosso olhar reside a capacidade de entrar em contato, de dar atenção, de observar. Os nossos olhos são os faróis da alma. Quando olhamos profundamente alguém, sentimos que esse alguém é igual a nós. Igual a nós na essência, não na aparência, pois temos corpos diferentes, caminhos de vida diferentes. No entanto, bem lá no fundo, somos o mesmo Ser, a mesma fragrância, o mesmo perfume, revelado pelo olhar profundo, que se entrega à exposição de quem realmente somos – um só Espírito distribuído por vários corpos. E o risco reside exatamente aí, o medo de nos fundirmos com o outro pelo olhar, pois nos damos totalmente a conhecer. As duas almas percebem, naquele exato momento em que se olham, que não são duas, mas apenas uma alma, a mesma alma aparentemente separada em dois corpos, então o olhar também é um reconhecimento da unidade que liga todos os seres. O olhar é um portal com muito poder. Conseguimos perceber o grau de confiança de uma pessoa nela mesma, em suas palavras, crenças e ações olhando nos olhos dela, sentindo a consistência da frequência do olhar, e quanto ela consegue manter-se enraizada na convicção de seu coração enquanto defende determinado ponto de vista. O olhar apenas pelo olhar diz tudo. Não precisamos das palavras para expressar aquilo que está dentro da nossa alma, então através do olhar sentimos a pessoa que está na nossa presença, vamos além de todas as máscaras, definições, defesas, conceitos, justificativas ou histórias que a nossa mente racional cria e utiliza para se afastar o máximo que pode do coração e do amor.

EXERCÍCIO DE OLHAR COMPASSIVO

Como você olha para tudo que o rodeia? Costuma associar a tudo o que observa algum pensamento julgador? Experimente olhar para as ditas "coisas más" e lançar um olhar compassivo, repleto de compreensão. É como se você trocasse as lentes dos seus óculos de sol e passasse a ver todos os cenários da sua vida de uma nova forma, numa visão purificada e sem negatividade. Consegue imaginar como seria? Experimente e verá como a sua vida parecerá muito mais feliz; só depende de você mesmo.

PALAVRA CERTA

Palavras erradas costumam machucar para o resto da vida, já o silêncio certo pode ser a resposta a muitas perguntas.
Padre Fábio de Melo

A palavra certa é a palavra amorosa, independentemente de ser verdadeira ou falsa, de acordo com as regras do mundo. É sempre a palavra que vem do coração, e não a palavra que vem da mente. "No princípio era o Verbo", assim começa a narrativa da Bíblia Sagrada. O verbo é uma palavra que indica uma ação. É um comando que acionado ativa determinada manifestação no mundo físico. Por exemplo, Deus disse: "Haja luz, e houve luz". Daí o poder da palavra ser um dos pilares fundamentais da liderança quântica, uma vez que o líder reconhece e compreende que as palavras que utiliza têm determinado significado e ressonância vibracional, criando a sua realidade. Se observarmos atentamente, veremos que todos os pensamentos são constituídos por palavras e seus respectivos significados. Os pensamentos são frases compostas por palavras colocadas em determinada posição, às quais foram atribuídos significados, e que ativam determinado comando cerebral, produzindo a percepção respectiva. Se eu digo que "ser líder é difícil", estou criando essa percepção na minha mente e ela criará essa mesma experiência em meu mundo. Simples assim. Tudo o que nomeamos é criado em nossa mente, e normalmente nomeamos utilizando a palavra como ferramenta criadora. Por isso, Buda disse: "Somos o que pensamos. Tudo o que somos surge com nossos pensamentos. Com nossos pensamentos fazemos o nosso mundo". Então, precisamos prestar mais atenção ao que pensamos e falamos, pois tudo isso se manifesta no mundo pessoal. Queremos ter dinheiro e estamos sempre dizendo: "Nunca tenho dinheiro". Ora, como vamos criar a realidade de ter dinheiro se estamos constantemente afirmando o contrário? Queremos emagrecer e passamos o tempo todo dizendo que somos gordos e que não gostamos do nosso corpo, como podemos emagrecer dessa forma? Queremos ser independentes e estamos sempre dizendo que somos vítimas de tudo e de todos, como poderemos mudar? A mudança da realidade vem por meio da mudança de pensamentos. Quando nomeamos algo, colocamos determinada energia em movimento por todo o Universo, e, tal como um bumerangue, ela retorna a nós. Por isso, temos de observar que tipo de energia estamos colocando em movimento. Através das palavras que utilizo para criar a minha vida, qual é o meu estado anímico? Se me sinto feliz, em paz, realizado e amado, estou utilizando as palavras que criam esse estado. Se me sinto triste, frustrado, irritado e infeliz é porque utilizo palavras correspondentes a essas emoções. Quando digo que tenho um determinado problema, nesse exato momento estou a criá-lo. Qual a razão de eu querer ter problemas? Por que quero continuar a criá-los? As palavras são criadoras da realidade, e muitas vezes não temos consciência disso, não enxergamos que utilizando determinadas frases estamos criando as situações que, naquele momento, não queremos para nós. A palavra está ligada ao pensamento e ao discurso – a palavra falada é o pensamento com som, manifestado pela nossa voz. Então, a maior parte daquilo que dizemos, e que normalmente não escutamos, é reflexo de nossos pensamentos habituais, enraizados em nosso cérebro, que se tornaram um mecanismo automatizado, criando e recriando as mesmas experiências. Todas as estruturas gramaticais que a mente criou, com base no que foi aprendido e absorvido no passado, são expostas por intermédio das palavras que diariamente emitimos. No entanto, o que estamos dizendo hoje é ultrapassado e velho, pois apenas repetimos os mesmos significados e crenças criadas lá atrás, ou seja, estamos trazendo o passado, por meio de pensamentos e palavras, para o nosso momento presente, e isso é querer criar no presente um novo passado, impossível de acontecer, pois o presente é sempre novo e desconhecido, por isso se chama "presente". Então, o que fazemos na maior parte do tempo, pois nos dá uma falsa sensação de segurança, é significar o presente com conceitos passados, impedindo o surgimento de uma nova experiência.

∞

No relacionamento uns com os outros e com todo o Universo, as palavras que emitimos criam um impacto positivo e construtivo ou negativo e destrutivo, pois são formas reverberantes de energia, como se fossem mantras. De acordo com o estudo feito por Masaru Emoto sobre o efeito das palavras na estrutura molecular da água, que ficou registrado no livro *Mensagens Escondidas na Água*, quando emitimos a palavra "amor", a molécula da água forma um cristal perfeito, com uma forma harmoniosa. Quando escrevemos a palavra "ódio", a molécula de água perde a capacidade de cristalizar, estilhaçando os átomos e separando-os, como mostra a figura abaixo.

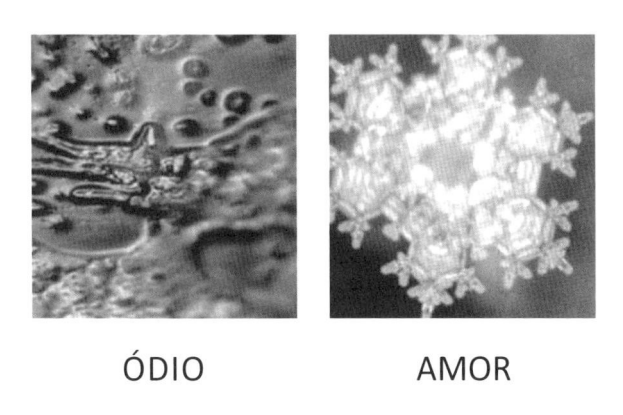

ÓDIO　　　　AMOR

Então, como líderes quânticos, precisamos ficar mais atentos às palavras que dizemos, seja a nós mesmos, seja aos outros, pois todas têm determinada frequência vibracional. Associada à função de líder sempre esteve a capacidade de proferir discursos inspiradores, criar impacto nos outros por meio de suas palavras, conseguir convencer quem o escuta. No caso do líder quântico é diferente, ele escuta mais, é mais observador e atento ao que o rodeia e a si mesmo. Ele utiliza as palavras apenas na altura certa e da forma certa, vindas do coração. Como diz Eduardo Galeano: "Quando as palavras não são tão dignas quanto o silêncio, é melhor calar e esperar". O líder quântico sabe calar, sabe esperar, sabe usar a língua com sabedoria e paciência, nunca dissociando a palavra, dita pela língua, do coração amoroso e compassivo. Parafraseando Rubem Alves, o líder quântico é formado em "escutatória", e não tanto em oratória, assumindo que as duas orelhas foram criadas para ouvir mais e que a única boca, para falar menos. Quando escutamos mais, dizemos mais em menos palavras. Hoje, sabemos que a nossa expressão total é composta de 93% de linguagem corporal e facial – movimentos, posturas, expressões faciais, tom de voz e olhar; e apenas 7% de linguagem verbal – palavras emitidas no ato da fala. Isso nos mostra que a maior parte daquilo que exprimimos com o corpo e com o rosto nem sempre, ou quase nunca, é a mesma que exprimimos com as palavras, o que cria uma incoerência no processo comunicativo. Por exemplo, o nosso corpo está manifestando uma emoção como a raiva, através da dilatação das narinas, da vermelhidão dos olhos, da postura de ataque, do tom de voz agressivo, e da nossa boca sai: "Estou tranquilo, está tudo bem". Ora, o que é verdade nesse caso? Os 93% corporais ou os 7% verbais? Claro que o corpo, que representa o nosso inconsciente, revela a verdade do que está ocorrendo nesse momento conosco. Um "sim" dito com a boca pode muitas vezes ser um "não" corporal e vice-versa. Por isso, uma das características principais dos líderes quânticos é o alinhamento interno entre o consciente, manifestado pelas palavras, e o inconsciente, manifestado pelo corpo e pela postura, de modo que o líder possa passar uma informação coerente e verdadeira para si mesmo e, consequentemente, para os outros. Quantas vezes vemos o líder dizer uma coisa e fazer outra? Quantas vezes vemos o líder defender determinada posição e comportar-se exatamente do modo oposto? Que autoridade tem um líder assim? Quem respeita ou segue um líder assim? A maior parte de nós diz coisas que não sente, que não vêm do fundo da alma, são apenas palavras ocas e sem verdade, e isso cria confusão nos relacionamentos, pois nos habituamos muito mais a seguir o que as palavras apontam, pois são apenas postes de sinalização, do que a seguir a bússola do nosso coração e a expressão do nosso corpo, que sempre sabem, porque sentem, se as palavras emitidas são reais ou meras ilusões. Basta observar quanto comunicamos, nos últimos anos, quase exclusivamente através das redes sociais, ficando apenas na linguagem verbal, os 7%, e na total ou quase total ausência dos restantes 93%, que dão a tonalidade e a cor às palavras emitidas. Surgem, então, os equívocos, a superficialidade e o caos na comunicação entre os seres humanos. A palavra tem um poder incrível — se soubermos usar as palavras com sabedoria, poderemos criar, a partir de agora, novas frases, com novos significados e novas experiências na nossa vida e na de todos com os quais nos relacionamos, pois o pensamento é o grande criador da realidade. As perguntas que os líderes mundiais (e todos nós) devemos colocar a si mesmos nesse momento da história é: "Qual a realidade que quero criar para mim e para toda a humanidade?". O que faço com o poder criador que a

Vida me ofereceu? Crio ou destruo? Amo ou odeio? Uno ou separo? Utilizemos o poder da palavra para nomear a realidade que queremos para o nosso planeta, pois este é o momento de criá-la. A palavra pode ser tanto uma espada que corta, como uma flor que se oferece. Uma brisa suave ou uma tempestade. No relacionamento com os outros, é importante perceber que a palavra usada pode magoar profundamente ou pode ser o elogio sincero que toca a alma na sua essência. As palavras que usamos são uma escolha. Qual é a sua escolha?

EXERCÍCIO DA PALAVRA CERTA
Somos viciados em palavras. Nós as usamos para expressar o que sentimos, mas nem sempre as palavras que utilizamos estão repletas de amor, e nesse caso elas têm um efeito negativo em nosso mundo. Você pode dizer tudo, mas não se esqueça de fazê-lo com amor. Teste a amorosidade de suas palavras e, durante uma semana, não fale apenas por falar, experimente ficar mais em silêncio. Quando for falar alguma coisa, reflita primeiro, observando se o que vai dizer trará mais amor ao mundo ou não; caso contrário, é melhor ficar calado. Aproveite e treine o silêncio.

7º PODER INTERNO

ALEGRIA
Nível de Vibração: 540

A alegria não está nas coisas, está em nós. **Goethe**

A vida é muito importante para ser levada a sério. **Oscar Wilde**

A alegria é uma emoção que vibra no nível 540, o que cria grande expansão do campo energético, uma vez que, nessa faixa, as ondas ômega são cada vez mais fluídicas e harmônicas. Imaginemos uma empresa com dois mil funcionários, que vibram coletivamente a 200 ou abaixo; caso haja um líder quântico que vibre a 540 e consiga sustentar a sua vibração dentro do coletivo, o campo vibracional da empresa tende a se expandir. De repente, toda a equipe vai sentir-se mais alegre, e o campo energético total amplifica o sinal emitido para o Universo, o que, na prática, se manifesta em melhoria e crescimento dos resultados da empresa. A alegria é, por excelência, a manifestação da saúde emocional do ser humano, uma vez que, quando estamos felizes, somos naturalmente alegres, atraindo mais felicidade para a nossa vida. Os cientistas quiseram medir o impacto de uma pessoa vibrando a 540 no tecido energético da humanidade e constataram que apenas uma pessoa vibrando nessa frequência consegue fazer subir a vibração de, aproximadamente, um milhão de pessoas que estão nas frequências negativas. Quando querem curar alguma dor ou resolver alguma questão em suas vidas, os líderes quânticos brincam, se divertem, saltam, pulam, dançam, cantam, porque sabem que, como a frequência energética sobe, automaticamente a sua realidade será alterada. E utilizam esse conhecimento para criar impacto nos lugares por onde circulam, pois sabem que, no caso das organizações, quando o ambiente é de alegria e felicidade os colaboradores trabalham com mais leveza e produzem melhores resultados. A explicação científica sobre como funciona o nosso campo magnético é simples: nós somos um centro produtor de energia contínua, basta observar o funcionamento do nosso coração, que, em cada pulsação, cria energia pura. Torna-se mais fácil entender que cada pensamento e cada emoção, com seus respectivos comprimentos de onda, produz energia bioenergética que compõe o nosso campo eletromagnético. Baseado em fundamentos da física quântica, em que o que emanamos recebemos de volta, todas as vezes que sentimos alegria, alimentamos nosso campo energético com esse tipo de energia, nos tornando magnéticos para receber o mesmo. Alegria atrai alegria. A alegria está naturalmente associada a felicidade, riso e leveza, pois é uma emoção sutil, de alta frequência vibracional, proporcionando um relaxamento em todo o corpo. Daí existirem, por exemplo, palhaços profissionais trabalhando em contexto hospitalar, em lares de idosos e em locais de guerra e conflito, com o objetivo de "injetar" alegria nesses campos energéticos mais densos, promovendo um reequilíbrio da energia e apoiando a cura.

∞

Quando alguém procura um curandeiro xamã, ele faz quatro perguntas:
Quando foi que você deixou de contar a sua história a alguém?
Quando foi que você deixou de ouvir a história de alguém?
Quando foi que você deixou de cantar?
Quando foi que você deixou de dançar?

Essa é a ficha de diagnóstico de um curandeiro xamã, que sabe que, quando deixamos de cantar e dançar – expressões naturais da alegria de viver – adoecemos. Quem canta e dança seus males espanta, sejam eles físicos, psicológicos ou emocionais. Literalmente, você espanta toda a energia negativa, cansaço, resistência, dificuldade, problema e doença do seu campo eletromagnético, assim tudo isso é automaticamente eliminado. Ao cantar, uma dor que você sente, seja física ou da alma, é transmutada, a energia passa de uma vibração densa para uma vibração sutil em poucos instantes. Você solta, pelo cantar, um daqueles sacos de areia do balão de ar quente e isso se traduz em maior leveza. A doença nos mostra, no nível inconsciente, certa ausência de alegria, pois o oposto vibracional da alegria é a tristeza, logo, se você se sente triste constantemente (a vibração da tristeza está no nível 75), existe uma forte tendência de você adoecer, aliás, abaixo desse limiar vibracional há um índice de incidência de câncer muito expressivo. Daí os líderes quânticos utilizarem este sétimo poder interno para curar a si e a sua realidade. Nas empresas, por exemplo, eles sabem que, se o ambiente for de alegria, há maior possibilidade de cura, de harmonização de conflitos e de liberação de poderosos hormônios, como endorfina, serotonina e oxitocina, responsáveis pelo prazer, confiança e relaxamento corporal, o que se traduz em maior motivação e satisfação no trabalho. Quando nos sentimos motivados e felizes na empresa em que trabalhamos, isso é sinal de saúde, de prosperidade e de realização, que se traduz por melhores resultados e maior qualidade de vida.

∞

Os líderes quânticos sabem que são modelo de referência, o exemplo, então, se querem que a sua equipe ou a sua família sejam felizes, têm de ser os primeiros a conseguir esse estado vibracional. Você acha que Jesus era uma pessoa sisuda? Que Buda não tinha senso de humor? Ou que Gandhi era um cara sem graça? Ao longo dos tempos, as imagens que fomos tendo dos líderes, não só religiosos, eram as de pessoas sérias, no entanto, isso não corresponde à verdade, pois é impossível vibrar em frequências tão altas como as que eles atingiram sem ser alegre, pois a alegria natural, não a excitação exacerbada, é manifestação dessas altas frequências vibracionais e influencia todo o ambiente positivamente. A alegria é a fragrância do fogo do coração. O líder quântico sabe o valor de um sorriso, de uma gargalhada espontânea, de um momento lúdico de brincadeira, de uma dança matinal para começar bem o dia, bem como a importância da celebração. Hoje em dia, nas empresas, são poucos os líderes que celebram os resultados alcançados diariamente pela equipe; muitas vezes focam mais as exigências e as cobranças, em vez de celebrar o conquistado, mesmo que seja pouco. Daí a importância da celebração promovida pelos líderes, pois expressa a gratidão e a valorização do resultado atingido. Festejar é um profundo reconhecimento do trabalho e da entrega de todos no alcance de metas e objetivos da organização. As empresas que celebram os resultados obtidos, festejando e comemorando, se expandem e crescem, aquelas que não o fazem têm tendência a reduzir seus resultados, pois o campo energético diminui e se contrai, se fechando a novas possibilidades. Há uma espécie de inversão no fluxo energético natural. Os líderes quânticos sabem que a alegria é poderosa e traz mais alegria, por isso se comprometem a viver essa alegria internamente e a manifestá-la diariamente em seus contextos. Imagine um líder entrando na sua empresa, composta por cinco mil funcionários, emanando alegria pura, olhando nos olhos dos colaboradores, saudando e sorrindo; sinta o impacto desse momento no dia de trabalho dessa empresa e quanto isso retorna para o líder em motivação, foco, entrega, envolvimento e bons resultados alcançados pela sua equipe. E isso acontece em todas as esferas por onde circula, como a família, os amigos, a comunidade e, no limite, o Universo inteiro, que, como uma pedra caindo em um lago, ressoa ondulatoriamente por tudo que existe, reverberando infinitamente e retornando em mais alegria.

EXERCÍCIO DE ALEGRIA

Deixe a sua criança interior se expressar por pelo menos um dia. Faça algo que gostava de fazer na infância, mesmo que agora, como adulto, lhe pareça ridículo, e liberte sua alegria. Compre um brinquedo, brinque no parque, jogue um jogo de computador ou futebol com os amigos, veja uma comédia enquanto come pipocas doces e ria, ria muito! Não espere que algo de fora venha lhe trazer a alegria, faça você mesmo e escolha ser feliz!

∞

Na sua empresa, promova um momento de dança coletiva e participe junto de seus colaboradores. Não se esqueça de celebrar os resultados alcançados diariamente, mesmo que não sejam os que a empresa estipulou, pois a alegria fará a equipe se tornar mais produtiva e empenhada em suas metas.

8º PODER INTERNO

PAZ
Nível de Vibração: 600

Quando não há quietude, nem o reinado pode dar-lhe felicidade.
Tyagaraja

A paz do coração é o paraíso dos homens.
Platão

Vivemos em uma sociedade muito acelerada e louca porque nossa mente é assim. O mundo exterior é o reflexo da nossa mente. Então, pare, fique quieto, não busque, não deseje, não queira, apenas seja. Não se mexa mentalmente, permita que o silêncio e a paz reinem em sua mente. Todos nós buscamos a paz, pois é uma frequência energética bastante elevada, e, como ela reside dentro de nós, só pode ser encontrada internamente, e não no mundo lá fora. Viver com um sentimento de paz interior tornou-se o maior desafio do século para a humanidade. Ao atingi-lo, podem então as guerras terminar, porque a paz, na verdade, significa o fim da dualidade na mente, pois o conflito externo só existe porque tem raiz intrínseca no ser humano. Quando um líder não está em paz, ele não cria paz, seja onde estiver, na empresa, em casa ou no mundo. Se um líder não for criador de paz, então não será líder quântico. Uma das premissas principais dos líderes quânticos é gerar harmonia em todos os contextos, por isso o seu estado interno deve vibrar nas mais altas frequências possíveis, criando um impacto positivo na teia energética universal.

∞

Os hábitos enraizados na mente humana, que nos dizem que temos de fazer algo para sermos alguém, têm-nos mantido cativos de rotinas, prisões e movimentos mecânicos de baixa frequência, vibrando em ondas alfa, ao longo de gerações. A busca pela paz interior por meio de deambulações pelo mundo exterior é uma falha no sistema mental, uma vez que ela se encontra em nosso interior, tal como todos os estados que o ser humano tem, de forma inconsciente, procurado fora de si mesmo: amor, alegria, serenidade e realização plena. Tudo isso está à distância de um clique, não um clique informático, mas um clique de consciência. Basta parar, e não apenas o movimento físico, mas principalmente o movimento mental, que origina qualquer movimento físico e emocional, pois o corpo é extensão da mente. Eis que surge o desafio: como consigo parar a mente? Será que algum dia ela irá mesmo parar? Consigo parar de buscar, de procurar, de querer encontrar, de desejar e de controlar? Aí, quando paramos, a única coisa que fica é o ruído dessas informações, passando para um lado e para o outro da nossa tela mental, tal como uma tela de televisão transmitindo imagens e sons, uns a seguir os outros.

Experimentemos parar tudo, até de ler este livro, como se estivéssemos congelados. Parar o movimento corporal, a atividade, a fala e todo e qualquer resquício de ação. O que acontece? Será que dentro do nosso corpo a atividade cessa realmente? Observemos dentro de nós mesmos o que sucede quando resolvemos parar completamente. O que diz a nossa mente? Que discurso pronto tem ela preparado para essa situação? Em uma primeira fase, é provável que ela se comporte como um cavalo selvagem, dando patadas e coices no ar, esperneando, dizendo coisas: "Mas por que é que você parou?", "Que tolice é essa de parar?", "A vida é movimento", "Pare com isso", "Se mexa", "Você tem tanta coisa para resolver, tantos problemas para solucionar", "Se você não fizer nada não é ninguém", e outros pensamentos do gênero. Nesse momento, o fato de parar vai fazer com que a mente se sinta observada e isso proporcionará certa quietude, pois só pela observação consciente conseguimos domesticar o cavalo selvagem e permitir que ele se deixe domar. Parar e observar a mente, como testemunha, como presença observadora, para que nos tornemos verdadeiros encantadores dos nossos cavalos internos, sem julgar que tipo de pensamentos e imagens passam pela nossa tela mental, apenas testemunhando o que passa. Nesse passo, nós ensinamos a nossa mente, o nosso cavalo selvagem, a perder o medo daquilo que não conhece – parar. Aliás, o maior medo da mente é parar, pois a mente é movimento – de memórias, milhões de bits de informação do passado e projeção dessas mesmas informações no futuro. Ela aprenderá a parar de dar coices e saltos descontrolados, em troca da segurança de um abrigo seguro e aquecido. Por fim, ela poderá galopar livremente a toda velocidade, mas seus movimentos terão propósito e significado, e é você que controla o seu cavalo, ele lhe obedece e não o oposto. No momento, ela está aprendendo a andar com rédea firme, é aí que a mente inquieta começa a ficar lenta e relaxada, para podermos viver cada momento com absoluta presença e foco. A meditação, como uma forma de entrar em contato consigo mesmo e com a sua verdade mais profunda, é um caminho que permite reencontrar essa paz interior, quando cessam quaisquer buscas e necessidades mentais programadas e quando nos desconectamos desses pensamentos e comandos automatizados apreendidos desde criança.

Quais os efeitos de sentir paz? Os chamados inimigos, se você os tinha, desaparecem na sua paz interior. Você os extinguiu, porque não reconhece mais ninguém como tal, e por isso não os alimenta mais. Você aprendeu que o único e verdadeiro inimigo esteve dentro de você, alimentando obstáculos, antagonistas e antipatizantes externos, bem como lutas, brigas e discussões. Eles podem existir, mas a virtude máxima é não alimentá-los. Assim, você os vence, primeiro na mente e depois no coração. Mas a maior vitória é que você os venceu espiritualmente, você subiu na escala de vibração e lá no alto, a 600, ainda poderá, um dia, estender as mãos para ajudá-los a sair do precipício – frequências inferiores a 200. Veja, a paz é um estado mental poderoso, cuidadoso em prover o bem de todos, anulando o conflito e a guerra entre as aparentes partes separadas. A paz é a provedora da equanimidade, eliminando toda a nossa densidade, pois a frequência da paz é oposta à frequência da culpa, que vibra a 30, ou seja, na presença da paz, toda a culpa e todo o pecado são dissipados. Quando não existe culpa nem medo, não há necessidade de ataque nem defesa, logo, todos os conflitos são instantaneamente desativados. Por isso, o líder quântico sabe que para eliminar toda a culpa que possa ainda vibrar nos contextos pelos quais circula ele terá de manter o seu campo energético em uma frequência de 600 ou acima. Nesse estado interno, o poder das ondas que o cérebro e o coração emitem é capaz de harmonizar todos os conflitos num raio de alguns metros quadrados, sendo a cura espontânea. Quando você está em paz, toda a densidade perde a força de incomodá-lo, pois a frequência dela é automaticamente anulada pela frequência mais elevada em que você vibra.

∞

Foi feita pela David Linch Foundation uma experiência de meditação transcendental no bairro do Bronx, nos Estados Unidos, em que um grupo de cerca de cem crianças praticava essa técnica por uma hora e ao mesmo tempo estava sendo medida a frequência vibratória do lugar. Os especialistas queriam saber de que forma essa prática de sintonização com a paz interior poderia elevar a frequência vibratória do bairro e minimizar a taxa de criminalidade. Foi observado que houve um aumento do campo vibracional, bem como redução de cerca de 60% na taxa de crime no bairro, na semana em que o grupo de crianças se reuniu para meditar. Isso revela o poder que o estado de paz (no nível 600) tem sobre o lugar onde nos encontramos, seja com a nossa família, na empresa em que trabalhamos ou no bairro em que vivemos. Por isso, se você realmente quer contribuir com a paz no mundo, medite, entre em contato com a sua paz interior e se permita parar durante algum tempo. Pode começar com pequenas pausas de 5 a 10 minutos e gradualmente ir aumentando. Pode ser sozinho ou em grupo, contribuindo para a elevação e ascensão do campo vibracional da sua comunidade, empresa ou país.

Não precisamos fazer nada externamente para acabar com as guerras e com os conflitos no mundo, apenas sustentar a frequência da paz interior, da qual emanam ondas ômega poderosíssimas, capazes de erradicar toda a densidade mental e emocional do planeta Terra.

Outra experiência foi realizada para medir o impacto da meditação e do estado de paz interior no campo eletromagnético do planeta. Para isso foram organizados vários grupos de monges budistas, espalhados por vários cantos do globo, num total de dez mil indivíduos, que estariam no mesmo horário meditando durante uma hora. Qual o resultado dessa experiência? A frequência de ondas do campo eletromagnético da Terra mudou totalmente com essa experiência de meditação, alterando as respectivas ondas de propagação. Dá o que pensar, não é verdade? Se temos esse poder disponível dentro de nós, por que não o utilizamos a favor de todos? Os líderes quânticos sabem do poder energético disponível no Universo, em suas várias dimensões, utilizando-o a favor de um novo mundo, repleto de paz e harmonia entre todos os seres (humanos, animais, vegetais e minerais). Para tal, meditam diariamente, atingindo uma vibração elevada de paz e levando-a para todos os ambientes. Quando um líder está em paz, ele promove a paz dos que o rodeiam. Quando existe paz dentro de um ser humano, tudo é possível, pois os medos e as ameaças não reverberam mais no campo mórfico; tal como sombras que pareciam reais, à luz da paz todos os medos são vistos como sombras irreais. E quando o medo é desmascarado, tudo é paz, e a vida na Terra se transforma em um autêntico paraíso! Conseguimos enxergar a perfeição de tudo quando estamos em paz. Quer um resultado melhor do que esse?

EXERCÍCIO DE PAZ

Já experimentou meditar? Sente-se em uma posição confortável e foque a sua atenção na respiração. Não precisa fazer mais nada a não ser isso. Permaneça atento a tudo o que ocorre dentro de você. No início pode parecer caótico pela quantidade de informações que sua mente processa, mas permaneça um pouco mais, sem julgar ou querer controlar a sua mente. Fique como se estivesse no cinema assistindo a um filme — a sua mente é o filme. Seja apenas um espectador, não entre no filme, só assista. À medida que vai aprofundando a sua meditação, tal como quando mergulhamos na água do mar com bastante ondulação, todo o caos de informações à superfície, como as ondas, vai ficando mais longe, pois você está indo em direção ao fundo do mar, onde apenas existe paz e silêncio. Vá sentindo esse silêncio e permitindo que ele o inunde totalmente; nesse exato momento, em que só existe silêncio e paz, você irá redescobrir quem você é realmente. Todas as perguntas que você fez durante toda a sua vida são respondidas nesse exato momento, fique aberto para ouvir as respostas.

∞

Dentro da sua empresa você pode criar, seguindo o exemplo da Google, um programa de treinamento de meditação mindfulness para seus funcionários. Comece com um momento de 15 minutos por semana e vá ampliando esse espaço à medida que os resultados forem se tornando visíveis. A redução do estresse e da ansiedade é um dos efeitos desse projeto, o que promove maior bem-estar, leveza e satisfação no ambiente de trabalho.

9º PODER INTERNO

PRESENÇA
Nível de Vibração: 700 a 1.000

Onde quer que você esteja, esteja por inteiro. **Eckhart Tolle**

Temos por fim a frequência vibratória da presença, também conhecida como iluminação/esclarecimento/self. Apesar de todos os equívocos religiosos em relação a esse estado, ele é, para a física quântica, uma faixa de vibração energética bastante sutil, com um comprimento de onda na faixa de 700 a 1.000, composto por ondas ômega reverberando a uma escala de impacto muito grande e capaz de elevar energeticamente mais de 70 milhões de pessoas que vibrem na densidade abaixo dos 200. Esses comprimentos de onda têm um poder muito forte na transmutação da energia densa (pensamentos e emoções) em energia altamente refinada, de uma leveza e fluidez muito estáveis. Caso a pessoa atinja entre 950 e 1.000, como é o caso de Jesus e Buda, ela conseguirá equilibrar toda a negatividade do restante da humanidade. Agora, como atingir esse estado de presença? Se você parar tudo completamente, o que resta? Um puro silêncio, uma pura consciência, um vazio cheio de presença e de atenção plena – esse é o estado de presença, ou graça, que caracteriza os líderes quânticos – eles estão 100% presentes neles mesmos, sem se ausentar do aqui e agora que estão vivenciando. Quando estamos presentes no aqui e agora existem problemas? Onde estão os objetivos, as metas, os sonhos, os desejos e as vontades egoicas quando nos encontramos imersos em nossa verdade mais profunda? De que forma nos relacionamos com o mundo quando estamos totalmente presentes em nós mesmos? Nada mais me preenche a não ser a minha própria presença. O absoluto é o nosso verdadeiro ser. Só existem problemas e sofrimento porque raramente estamos presentes em nós mesmos, não nos conhecemos em nível profundo, ficamos apenas na superfície, no arco externo da circunferência, raramente no centro. Investiguemos profundamente essa questão, pois ela está na base de vivermos vidas em constante busca; de que vale procurar-nos fora se sempre estivemos dentro? O que fez a mente criar a percepção de que temos de nos procurar, de nos encontrar, se sempre estamos aqui e agora? Pergunte a si mesmo: quem sou eu e onde me encontro realmente? Verá que essa pergunta trará você para a consciência da sua verdadeira essência e onde seu ser efetivamente reside – no aqui e agora eterno. Quando está presente em você mesmo, você se sente pleno e completo, entregue ao verdadeiro serviço que é Ser. A escuridão interna, a ignorância de que Buda falava de não sabermos quem realmente somos foi responsável por toda essa busca, e essa busca criou as maiores loucuras e atrocidades da humanidade. Quando entro em um quarto escuro, caminho com mais cautela, se a luz estiver acesa me movimento com facilidade. E se eu for esse quarto? Como é movimentar-me dentro de mim, e no mundo, no meio de tanta escuridão, de tantos padrões e percepções criados pela mente que bloqueiam a visão clara e iluminada de quem somos em essência? Imaginemos a possibilidade de nos movermos pelo mundo com a luz acesa dentro do nosso quarto interior, de enxergarmos perfeitamente quem somos, de que somos feitos, sem medo, sem controle, com confiança, fé e plena convicção. Como seria o nosso mundo se todos nós tivéssemos nossa luz interna acesa? Estar presente é acender a luz que existe em nosso coração, acordando do sonho da mente ilusória.

∞

Vamos recomeçar um novo movimento de liderança, a partir do centro de cada um, e, para isso, precisamos estar presentes. Olhemos para nós mesmos agora. No início, pode ser muito desconfortável olhar para si mesmo, pois não estamos habituados. Passamos o dia correndo para fugir da nossa escuridão interior, o que tem sido gerador de todo o sofrimento, caos, guerra, conflito e violência que temos cometido a nós mesmos, por isso o primeiro passo é olhar para dentro. Observe a sua respiração e abandone todas as formas/pensamento, observando-as sem se identificar com elas, sem dar energia para que permaneçam na tela da sua mente. É assim mesmo, fique completamente presente, sem nenhum movimento em direção ao exterior, como se estivesse suspenso no tempo e no espaço, caminhando sobre um fio invisível de eternidade, com a sensação de que não há nenhum lugar para ir, nem de onde seja necessário sair. Sinta a sua respiração, o batimento cardíaco, e seja apenas quem você realmente é. Faça esse exercício tantas vezes quantas forem necessárias, principalmente quando sentir que a sua mente está muito ativa e trabalhando com muita informação para que faça coisas e procure soluções ou compense vazios e necessidades internas, através de cigarros, comida, bebida, sexo, trabalho excessivo ou necessidade de companhia. Observe todo o movimento da mente, sem reagir, sem querer controlá-la, apenas ficando totalmente presente e assistindo às suas manobras serenamente. A certa altura ela vai se acalmar, libertar toda a energia e se entregar. A primeira parte foi conquistada com sucesso e você pode avançar para a segunda, consciente de que esse treino da arte da presença é contínuo e permanente, ou seja, nunca tome nenhum resultado como totalmente garantido, esteja sempre em profunda e constante observação interna. A primeira parte só será realmente conquistada quando treinarmos muito, pois temos o vício de nos ausentarmos do nosso ser em direção ao mundo exterior, que é apenas uma projeção da nossa mente, tal como um filme que é projetado no telão. O que é sugerido é que treinemos o olhar para dentro, ou seja, olhemos o máximo de vezes por dia e observemos como está o nosso estado interno. Por exemplo, você se levanta cedo para ir trabalhar, mas, em vez de sair correndo da cama para tomar banho, pode parar, exatamente no momento de abrir os olhos, isto porque normalmente a mente se encontra em um estado bastante ativo logo que acorda, fruto dos sonhos e imagens produzidos durante a noite. Nesse momento, pare e observe apenas a sua mente, o que ela produz, a sua respiração, os sons envolventes, o ruído no prédio àquela hora, e fique completamente imóvel deitado em sua cama. Só depois de se sentir plenamente parado internamente é que deve levantar-se e ir tomar o seu banho matinal. Já no chuveiro, pode fazer um novo treino e parar tudo enquanto sente a água caindo em suas costas e na cabeça, observando tudo o que acontece em seu corpo durante esse momento, a temperatura da água e o som que faz quando cai no chão. Fique presente em seu corpo enquanto esfrega o seu cabelo com xampu e inala o seu perfume. Faça cada coisa com total presença e assim viverá todos os momentos da sua vida, em vez de passar por eles sem senti-los.

∞

É na presença que o foco se torna real, pois nada do que é passado ou futuro pode ser o verdadeiro foco, uma vez que a criação só é feita no presente. Cada momento é um presente da criação, é uma construção energética única, irrepetível e sagrada. Não existem dois momentos iguais, como não existem dois flocos de neve iguais, nem dois seres humanos iguais. Experimente ir até o jardim mais próximo — pode ser o da sua casa, se tiver — e sente-se em um banco ou na grama. Comece por sentir o seu corpo em contato com essa plataforma e lentamente comece a parar; pare o movimento interno e externo e observe. Foque a sua consciência em seus sentidos e se abra para receber todos os estímulos vindos do mundo exterior: contemple o cantar dos pássaros, o cheiro das flores no ar, a textura da grama em suas mãos, o sabor do vento que entra pelo nariz e pela boca, e os estímulos visuais de formas e cores que estão em seu ângulo de visão. Preste atenção a cada estímulo dos sentidos, cada pormenor, cada detalhe, sem fazer nenhum julgamento, avaliação ou análise. Permaneça completamente parado, em profunda contemplação de tudo que o rodeia, e sinta. Faça esse treino durante algum tempo para que esse estado de atenção plena passe a ser natural com o passar dos dias. A atenção plena é o primeiro passo para vibrar em um estado de presença em todos os momentos da sua vida, colocando toda a sua energia e consciência nas experiências que vivenciar, ou seja, viver cada instante em sua totalidade, sem se ausentar de si mesmo.

Em um mundo apressado, criado por mentes aceleradas que raramente param, não importa a totalidade e qualidade dos momentos, mas a quantidade de momentos e experiências que se acumulam, como se o número de experiências determinasse a qualidade delas. Pare quantas vezes forem necessárias, até sentir que está totalmente presente dentro de você, que não existe nenhuma necessidade de fuga do momento presente nem da situação de vida em que se encontra. Só aí você deixa de sobreviver para passar a viver. "Mais importante que o destino é a própria viagem" – esse é o lema dos líderes quânticos. Então aproveite, pois se está à espera do futuro para ser feliz, é bem provável que esteja infeliz, pois a felicidade só existe aqui e agora. Isso coloca você em um dos estados mais poderosos de frequência energética no plano terrestre — imagine que realidade você cria vibrando e surfando nessas ondas!

EXERCÍCIO DE PRESENÇA

Estar presente parece mais difícil do que é, no entanto existem alguns exercícios que podem ajudá-lo a treinar a arte da presença. Por exemplo, experimente tomar o seu café da manhã com uma venda nos olhos, prestando toda a sua atenção ao sabor dos alimentos que ingere. Mesmo que a sua mente queira levá-lo para outro momento, através dos pensamentos, foque novamente a sua atenção no pão quente que degusta e no sabor do suco de laranja com gelo. Toque suavemente com os seus dedos as frutas e sinta a textura e o cheiro, aperceba-se dos sons que existem na rua e que talvez você nunca tenha notado. Outro exercício é estar totalmente presente no relacionamento com os outros seres humanos: nossos amigos, colegas, familiares. Você pode treinar prestando toda a sua atenção à conversa de seu marido ou mulher ao final do dia quando chega à sua casa, como se não houvesse nada mais importante para você nesse momento. Escute-o(a) com toda a sua presença e verá os resultados dessa ação na vida de vocês. Reflita: estou prestando atenção à minha vida? Saboreio todos os momentos ou apenas passo por eles? Vivo a vida ou vivo as histórias da mente? O melhor presente que podemos dar a alguém é estar presente.

CONCLUSÃO

O líder quântico tem consciência do poder energético disponível no Universo para criar a sua vida e contribuir para um mundo mais saudável, equilibrado e harmônico. Por meio da sintonização com os vários comprimentos de onda disponíveis no cosmos, que correspondem a estados de consciência do ser, o líder sabe que a realidade que cria está de acordo com a frequência em que vibra. Por isso, se vibrar em emoções abaixo do nível 200, como medo, raiva, tristeza e orgulho, irá criar uma realidade pautada por essas energias e manifestada por experiências de maior densidade energética. Também sabe que se está vibrando em pensamentos e emoções acima do nível 200, como coragem, aceitação, amor e paz, a realidade que cria é o espelho dessas mesmas frequências, ou seja, o seu mundo será repleto de experiências que manifestam essas mesmas vibrações, e tudo parecerá mais simples, mais fácil e mais leve, pois vibra em padroes ondulatórios mais sutis e harmoniosos.

∞

Abaixo do nível 200, vivemos no mundo do ego, num campo de atração movido pela força, ou seja, como as ondas têm uma frequência mais tensa, rápida e desarmoniosa, nossas vidas espelham essa vibração. Como podemos identificar que estamos vibrando nesses comprimentos de onda? A existência deu-nos um corpo físico exatamente para conseguirmos ver e sentir nele a vibração em que nos encontramos. Se vibro abaixo do 200, o meu corpo está tenso, duro, sinto dores musculares, a minha respiração é acelerada e superficial e normalmente respiro pelo peito, em vez de respirar pelo abdômen (respiração própria das frequências mais elevadas).

E claro está que, se vibro acima do 200, o mundo da alma, os sintomas no corpo físico vão ser praticamente os opostos, isto é, respiro profundamente pelo ventre, a minha musculatura está relaxada, e todo o movimento do meu corpo, nas mais variadas expressões, como comer, falar e caminhar, é mais lento, sereno e equilibrado.

∞

Segundo a física quântica, a energia do Universo se move em ondas, por isso nós, seres humanos, como parte integrante desse Universo, também vibramos em ondas, e não há ondas boas nem ondas más, apenas ondas com diferentes vibrações e expressões. Há ondas mais tensas (alfa) e há ondas mais harmoniosas (ômega), que têm determinada expressão na matéria física, como vimos anteriormente. Os seres humanos são pontos pulsantes, como antenas parabólicas que emitem um sinal, de acordo com seus pensamentos e emoções, e emanam uma determinada vibração ondulatória para todo o Universo, e todas essas ondas são expressões da energia existente no Todo, sem o rótulo de "certas" ou "erradas". Cada ser humano consegue vibrar em todas elas, desde as de mais baixa frequência, como é o caso da vergonha de terceira dimensão, bem como atingir voos energéticos tão altos como o estado de presença ou iluminação de oitava dimensão. Tudo isso só depende da quantidade de energia densa, os "sacos de areia do balão de ar quente", em forma de pensamentos e emoções negativas que soltamos do nosso campo energético. Cada passo que você dá em direção às trevas é um passo que dá em direção ao céu, ou seja, quanto mais fundo você vai na liberação da densidade, mais alto você sobe na escala da sua pulsação energética universal e maior é seu legado à humanidade. Então, o convite para você ser um líder quântico está feito!

Que este livro possa ajudar você a criar o seu paraíso na Terra, sabendo que se somos UM esse paraíso que você criar será o de TODOS!

POSFÁCIO

Quando recebi o convite para escrever o posfácio deste livro, senti muito orgulho e gratidão.

Comecei a ler o livro, acreditando que seria um livro a mais, com algumas teorias sobre liderança, oferecendo conceitos que muitas vezes as pessoas não sabem como aplicar no dia a dia. De repente, senti que a cada página encontrava ótimas e simples alternativas para os líderes cumprirem sua missão junto às pessoas.

Líder Quântico é um livro de linguagem clara, que nos traz um modelo de relacionamento entre líderes e liderados, baseado em valores que foram trazidos em "poderes internos", como Coragem, Integridade, Humildade, Perdão/Aceitação, Gratidão, Amor, Escuta Profunda, Olhar Compassivo, Alegria, Paz e Presença, mostrando a importância da humanização dos líderes, que energeticamente são responsáveis por despertar seus liderados para a evolução, sustentação para uma sociedade melhor.

Assim, aprendi com este livro que exercitando os "poderes internos" posso inspirar pessoas a praticarem a Lei Maior: "Faça aos outros o que gostaria que fizessem a você".

Obrigada, Sebastião pela confiança, pelo presente de conhecer sua obra, que apresenta um roteiro de desenvolvimento, de construção de relações fortes, com pessoas mais felizes e empresas sustentáveis!

Edna Maria Honorato
Diretora do Consórcio Luiza

REFERÊNCIAS BIBLIOGRÁFICAS

BARRETT, Richard. *Coaching Evolutivo* – Uma Abordagem Centrada em Valores Para Liberar o Potencial Humano. Editora Qualitymark, 2015.

EMOTO, Masuru. *As Mensagens Escondidas na Água*. Editora Estrela Polar, 2001.

FUNDAÇÃO PARA A PAZ INTERIOR. Um Curso em Milagres, 1976.

HAWKINS, David R. *Poder contra Força*: Uma Anatomia da Consciência – Os Determinantes Ocultos do Comportamento Humano. Hay House Inc, 2014.

MURPHY, Joseph. *O Poder do Subconsciente*. Editora Best Seller, 2013.

NEPO, Mark. *O Livro do Despertar*. Editora Nascente, 2011.

TSÉ, Lao. *Tao Te King* – O Livro do Caminho e do Bom Caminhar. Editora Relógio D'Água, 2010.

WILLIAMS, Mark; PENMAN, Danny. *Atenção Plena* – Mindfulness, Como Encontrar a Paz em um Mundo Frenético. Editora Sextante, 2015.

YOGANANDA, Paramahansa. *Autobiografia de um Iogue*. Editora Self-Realization Fellowship,, 2015.

MATRIX